ARCHITEKTUR

W0083994

Christoph Höcker, 1957 in Kiel geboren, studierte in Hamburg Klassische Archäologie, Alte Geschichte sowie Vor- und Frühgeschichte. Promotion 1990. Zahlreiche Publikationen, davon bei DuMont: Schnellkurse »Antikes Griechenland« und »Antikes Rom«, Kunstreiseführer »Golf von Neapel und Kampanien«, Kunstreiseführer »Griechiches Festland« sowie »Die Akropolis von Athen« (die letzten beiden Titel in Zusammenarbeit mit Lambert Schneider).

ARCHITEKTUR

Christoph Höcker

DUMONT

Impressum

Umschlagvorderseite von links nach rechts und von oben nach unten:
Chrysler Building, New York. Foto: Jochen Tack/Das Fotoarchiv Essen / Der Turmbau zu Babel. Gemälde von Pieter Brueghel d. Ä. Kunsthistorisches Museum, Wien / Notre-Dame-du-Haut in Ronchamp von Le Corbusier. Foto: Dirk Austmann, Köln / Schloss Chambord im Tal der Loire. Foto: Manfred Linke/laif, Köln / Das Guggenheim Museum in Bilbao von O'Gehry. Foto: Miguel Gonzalez/laif, Köln / Der Palazzo Strozzi in Florenz / Grundriß des Kölner Doms / Der Sphinx und die Cheopspyramide in Gizah. Foto: Hans Günter Semsek, Köln / Walter Gropius vor seinem Wettbewerbsentwurf für das Chicago Tribune Building, 1922 / Das Taj Mahal. Foto: Hans-Joachim Aubert, Bonn / Etienne-Louis Boullée, Kenotaph für den Physiker Sir Isaac Newton, Außenansicht. Skizze von 1784

Umschlagrückseite von oben nach unten:
Arbeiter auf dem Empire State Building. Foto: AKG, Berlin / Die Kirche Maria Laach / Castor-und-Polluxtempel in Rom, Detail. Aus: Henry Parke, »A Drawing of a Student Measuring the Temple of Castor and Pollux in Rome, Made to Illustrate the Corinthian Order for Soane's Royal Academy Lectures«, 1819. The Trustees of Sir John Soane's Museum

Frontispiz: Die Pyramide im Louvre. Foto: W. Spitta, Loham

Die Deutsche Bibliothek – CIP-Einheitsaufnahme

Höcker, Christoph:
Architektur / Höcker, Christoph. – Orig.-Ausg. –
Köln : DuMont, 2000
    (DuMont-Taschenbücher ; 517 : DuMont-Schnellkurs)
    ISBN 3-7701-4868-1

Originalausgabe
© 2000 DuMont Buchverlag, Köln
Alle Rechte vorbehalten
Satz, Layout und Lektorat: Martin Sulzer-Reichel, Agents – Producers – Editors, Overath
Druck und buchbinderische Verarbeitung: Editoriale Libraria

Printed in Italy   ISBN 3-7701-4868-1

Inhalt

Inhalt

Was eigentlich ist Architektur und was kann ein Schnellkurs zu diesem Thema leisten? Die Frage mag trivial erscheinen, aber es ist dennoch durchaus hilfreich, hierüber einmal nachzudenken. Denn viele Bücher zum Thema Architektur haben in jüngster Zeit diesen Gegenstand allenfalls in Ausschnitten präsentiert – allein als Summe historischer und gegenwärtiger Bauformen, dabei oftmals verfangen in einer abendländisch-westlichen Perspektive.

Das Bauen erfüllt seit Urzeiten, etwa beim Errichten von Häusern, wesentliche menschliche Grundbedürfnisse, aber auch in Gestalt überbordender Größe oder aufwendigen Prunks Repräsentationsansprüche Einzelner, größerer Gruppen oder ganzer Siedlergemeinschaften. Hinzu tritt, daß, anders als das Herstellen eines Faustkeils oder eines Topfes, Architektur fast immer eine kooperative, keine individuelle Leistung darstellt – zielbestimmtes, gestaltendes Handeln also einer Personengruppe innerhalb eines jeweils spezifischen historischen Umfelds. Architektur ist deshalb zu allen Zeiten beileibe nicht nur formale Kunstgeschichte, sondern auch immer ein wichtiger Aspekt der Sozialgeschichte der Menschheit gewesen.

Der vorliegende Band versucht, diesem umfassenden Verständnis von Architektur gerecht zu werden. Man findet hier neben den allgegenwärtigen architektonischen »Highlights« auch Wellblechsiedlungen und Plattenbauten, ärmliche Fachwerkhäuser und verzweifelt in den Fels geklammerte Raubritterburgen – also nicht nur »hehre Baukunst«, sondern auch den architektonischen »Alltag«. Die Arbeitsbedingungen der Architekten sind ebenso Thema wie verschiedene Bautechniken, die Entwicklung neuer Baustoffe und nicht zuletzt die Lebensbedingungen der Menschen in ihrer jeweiligen architektonischen Umgebung. Und natürlich findet sich, bei allem historischen Rekurs, hier auch die Gegenwart zu Genüge – sei es als postmoderne Verstrickung in die Architekturgeschichte, als Entwurf einer radikalen Utopie oder als inhumanes Konzept einer »Maschinenarchitektur«.

Christoph Höcker, Augsburg im April 2000

Erste städtische Siedlungen

Zikkurat, Stadt und Königsburg – Die Architektur der Hochkulturen des Vorderen Orients

Ein Kapitel über die Hochkulturen des Vorderen Orients muß sich mit Bauten auseinandersetzen, die zwischen ca. 3300 und 800 v. Chr. auf einem Gebiet entstanden sind, das mit Mesopotamien (Irak), dem heutigen Iran, Kleinasien und Syrien fast die gesamte »zivilisierte« Welt dieser Jahrhunderte umfaßt. Hier, in der »Wiege der Menschheit«, kam es zu zahlreichen architektonische Entwicklungen, die weit vorauswiesen und von späteren Hochkulturen erst nach langer Zeit, bisweilen auch gar nicht erreicht wurden. So spielten etwa bereits im 6. Jt. v. Chr., also in prähistorischer Zeit, in Çatal Hüyük in Anatolien Ackerbau und Viehzucht eine so bedeutende Rolle, daß zahlreiche Menschen seßhaft wurden und ihre Siedlungen zu städtischen Ballungsräumen heranwuchsen. Erst damit entstand überhaupt funktionsgerechte Architektur in größerem Umfang – während im damals höchst rückständigen Europa noch steinzeitliche Jäger- und Sammlerkulturen dominierten.

Die bäuerliche sumerische Kultur in Mesopotamien, dem »Zweistromland« zwischen Euphrat und Tigris auf dem Gebiet des heutigen Irak, war seit etwa 4000 v. Chr. geprägt von nahezu großstädtisch anmutenden, miteinander konkurrierenden Zentren: zunächst Uruk (4./3. Jt. v. Chr.), später Ur (3./2. Jt. v. Chr.). Die Lehmziegel-Ruinen von Uruk, von einer Expedition 1849 entdeckt, wurden seit 1912 von der deutschen Orient-Gesellschaft großflächig ausgegraben. Sie zeigen alle Züge einer Hauptstadt eines monarchisch-zentralistisch regierten, hochgradig arbeitsteilig wirtschaftenden Reiches: Um ein repräsentatives Zentrum herum erstreckten sich unzählige kleine Wohn- und Lagergebäude, die von einer nahezu 10 km langen Stadtmauer geschützt waren. Die Stadt wuchs schnell: Bedeckte die Siedlung mit ihren ca. 40 000 Einwohnern um 3300 v. Chr. ca. 200 ha, so benötigten um 2800 v. Chr. die nunmehr wohl über 70 000 Einwohner bereits eine Fläche von ca. 550 ha; mehrfach wurde das ummauerte Areal erweitert. Die zahlreich gefundenen Keilschrift-Tafeln zeigen einen hohen Stand der Archiv- und Verwaltungstechniken; die Stadt war zugleich zentrales Depot für Getreide, Waffen und Handelswaren aller Art. Zentrum der Siedlung war die Zikkurat (1): eine unregelmäßige, teils in der

[1] Künstliche Erhebung inmitten des Flachlandes: die Zikkurat von Uruk (Irak), 4. Jt. v. Chr.

Form einer Stufenpyramide, teils turmartig oder als Podium gestaltete hoch aufragende Erhebung, deren obere Plattform als Standort für den Tempel diente. Die genauen Funktionen dieser in der flachen Landschaft höchst markanten Zikkurats ist unbekannt; jede größere Stadt Mesopotamiens war jedoch mit einem solchen Bauwerk ausgestattet. Daneben existierte, ebenfalls im Stadtzentrum, als Repräsentationsarchitektur ein umfangreicher Palast. Die kunstvoll gemauerte Lehmziegel-Architektur weist bereits an Bauphasen des 3. Jt. v. Chr. perfekt ausgeformte, mittels eines Lehrgerüstes konstruierte Bögen auf (2) – ein Architekturelement, das im Abendland erst in der hellenistisch-griechischen Baukust des späten 4. Jh. v. Chr. wiederentdeckt und technisch beherrschbar wird.

[2] Ziegelarchitektur mit Halbkreisbögen am Palast von Uruk, 3. Jt. v. Chr.

Die Ruinen des südlich von Uruk gelegenen Ur werden ebenfalls von der riesigen Baumasse einer Zikkurat (3) überragt. Auch hier haben sich neben zahlreichen Wohn- und Wirtschaftsgebäuden die Reste eines großflächigen Palastes erhalten, ferner eine umfangreiche Nekropole mit Schachtgräbern und architektonisch geformten Mausoleen (in Gestalt von Wohnbauten mit unterirdischer Gruft).

Das indo-europäische Volk der Hethiter tritt im Vorderen

[3] Die große Zikkurat von Ur (Irak) aus dem späten 4. Jt. v. Chr. während der 1922 von dem Engländer Leonard Wolley durchgeführten Ausgrabungen

Orient seit dem frühen 2. Jt. v. Chr. zunehmend als aggressiver Eroberer in Erscheinung. Kerngebiet des Hethiter-Reiches war zunächst Anatolien mit der befestigten, großräumigen Hauptstadt Hattusa (1834 von Charles Texier etwa 150 km östlich von Ankara beim Dorf Bogazkale entdeckt und in mehreren Kampagnen seit 1907 vollständig ausgegraben). Der hethitische Staat war eine Monarchie mit feudalistischen Zügen; der König war zugleich höchster Priester. Der Adel, aber auch die Beamtenschaft, hatte bei allen politischen, militärischen und religiösen Entscheidungen Mitbestimmungsrechte. Diese Struktur spiegelte sich im baulichen Erscheinungsbild der in Ober- und Unterstadt unterteilten Hauptstadt (4) wider. Im Zentrum erhob sich ein burgartig bewehrter Königspalast. Im Norden und Süden überragten Tempelanlagen die zahlreichen Wohnhäuser, Werkstatt- und Speicherbauten sowie die zahlreichen Kontorhäuser hier ansässiger, auswärtiger Händler.

[4] Plan der hethitischen Hauptstadt Hattusa, Ausgrabungszustand von 1988

Eine typische Erscheinungsform von Architektur bzw. der Siedlungsstruktur verschiedener Kulturen des Vorderen Orients, besonders entlang der Levanteküste, ist schließlich das Tell: ein in flachen Regionen oftmals künstlich aufgeschütteter, riesiger Wohnhügel, der ganzen Siedlungen Platz bot. Häufig waren diese Orte von Palisaden und Gräben umgeben und ließen sich auf diese Weise gut gegen Angriffe sichern.

Von Pyramiden und Tempeln:
Die pharaonische Architektur Altägyptens

In besonderem Maße hat die monumentale, in weiten Teilen gut erhaltene Architektur das moderne Bild von der altägyptischen Hochkultur geprägt: Tempel, Gräber und Pyramiden, nicht selten mit geheimnisvollen Hieroglyphen versehen, sind die vielbewunderten Bauten einer mystifizierten Gesellschaft mit ihren seltsamen Bräuchen und Riten. Dabei wird häufig übersehen, daß das, was heute als altägyptische Architektur vor Augen steht, lediglich einen kleinen Teil der einstmals existenten Bauwerke darstellt. Ägyptische Architekturen, besonders diejenige für die alltäglichen Zwecke, etwa für Wohnhäuser und Werkstätten, bestanden durchweg aus wenig dauerhaftem Material: aus ungebrannten Ziegeln aus Nilschlamm, pflanzlichen Flechtwerken und Schilf. Nur Architekturen aus unvergänglichem Material wie Steinquadern sind bis heute erhalten geblieben; das hierdurch vermittelte Bild der altägyptischen Architektur trügt deshalb. Wie weit verbreitet eine Architektur aus pflanzlichen Werkstoffen war, zeigt sich im Dekor der Steinbauten immer wieder. Vielfach finden sich, etwa bei Säulen, Formen, die – nunmehr in ein anderes Material transponiert – auf ihre eigentliche Herkunft aus dem Bereich der natürlichen Baustoffe zurückverweisen (5). Von den zahlreichen, streng geometrisch angelegten Wohnsiedlungen, die aus z. T. dreistöckigen Gebäuden bestanden, ist deshalb ebenso wenig erhalten wie von den ausgedehnten, von Gärten und Teichen umgebenen Palästen.

Monumentalarchitektur aus dauerhaftem Baumaterial begegnet im pharaonischen Ägypten seit etwa 2600 v. Chr. in zwei höchst repräsentativen Bereichen: dem Grab- und dem Tempelbau. Leitform des ägyptischen Grabbaus ist die Pyramide, eine zunächst ausschließlich, später ganz überwiegend den Königen vorbehaltene Repräsentationsform. Die Pyramidenform entwickelte sich allmählich zu ihrem geometrischen Ideal; am Anfang standen gestufte Monumente (Stufenpyramide des Djoser bei Sakkara, ca. 2650 v. Chr.).

[5] Säulen als Natur-Imitate: verschiedene Säulen mit Palm-, Lotos- und Papyrus-Motiven aus altägyptischen Gräbern und Tempeln. Rekonstruktionen

[6] Das Pyramidenfeld von Gizeh um 2500 v. Chr.: die Cheops-, die Chephren- und die Mykerinospyramide am Rand des Fruchtlands

Noch im 3. Jt. v. Chr. entstand die ideale Form der Pyramide auf quadratischem Grundriß. Bis zum Ende des Alten Reiches um 2100 v. Chr. waren in Ägypten bereits über 20 Hauptpyramiden entstanden, darunter das berühmte Pryamidenfeld von Gizeh bei Kairo (6) mit den beiden größten Pyramiden überhaupt, der Cheops- und der Chephrenpyramide. Die Cheopspyramide (Cheops reg. ca. 2545–2520 v. Chr.) erhebt sich bei einer Seitenlänge von ca. 228 m auf über 146 m Höhe; die des Chephren (reg. ca. 2510–2485 v. Chr.) bei einer Seitenlänge von 210 m auf kaum weniger imposante 143 m (7). Mit über 2,5 Mio. m³ Baumasse gehört die Cheopspyramide auch im heutigen Vergleich zu den größten je errichteten Bauwerken der Menschheit.

Weitere etwa zehn kleinere Pyramiden sind aus der Zeit des Mittleren Reiches bekannt; im Unterschied zu denen des Alten Reiches sind sie nicht massiv aus Stein erbaut, sondern aus Ziegeln, teilweise mittels eines Steingerippes als Strukturträger. Die Pyramiden des Neuen Reiches (1551–1080 v. Chr.) sind erheblich kleiner und zieren nun auch Beamtengräber. Die großen Pyramiden des Alten Reiches waren keine singulä-

[7] Die Chephrenpyramide bei Gizeh hat in ihrem oberen Teil die ansonsten nicht mehr vorhandenen Verkleidungsplatten bewahrt, die dem ursprünglich gestuft konstruierten Baukörper nachträglich seine glatte Fassade verliehen.

ren Architekturen, sondern standen im Verbund mit weiteren Gebäuden: mindestens einem Totentempel, einem Empfangsplatz und einem repräsentativen Rampenweg zum Eingang – Anlagen, die für das Bestattungsritual unentbehrlich waren. Des öfteren gab es Nebenpyramiden, etwa als Grabbauten für die Königin. Die Pyramide selbst enthält eine meist gut gesicherte Grabkammer. Die erhebliche Größe machte eine lange Bauzeit erforderlich; nicht selten hat ein Pharao bereits unmittelbar nach der Inthronisierung mit dem Bau »seiner« Pyramide begonnen. Errichtet wurden die Pyramiden unter Anleitung von Facharbeitern und Spezialisten durch die während der Trocken- und der Überschwemmungszeit zum Arbeitsdienst verpflichteten freien Feldarbeiter. Als technische Hilfen standen Rampen und Gerüste zur Verfügung. Der Bauvorgang hatte nicht zuletzt eine soziale bzw. machtpolitische Dimension, da er in den Jahreszeiten, in denen Feldarbeit nicht möglich war, für entlohnte Beschäftigung sorgte – zum Wohle der Arbeiter, aber auch zu dem des dadurch vor Unruhen geschützten Reiches.

[8] Restauration des Eingangspylons von Karnak bei Theben. Altägyptische Tempelbezirke waren durch monumentale Mauern hermetisch von der Außenwelt abgetrennt.

Der Höhepunkt des ägyptischen Tempelbaus vollzog sich im Mittleren und Neuen Reich; die meisten Anlagen stammen aus dem 2. Jt. v. Chr. Der ägyptische Tempel entwickelte sich aus unscheinbaren Flechtwerkbauten zu monumentaler Größe; riesige, ummauerte Tempelkomplexe wie etwa derjenige von Karnak bei Theben (**8**) prägten zur Zeit der 18. Dynastie (Beginn des Neues Reiches, ab 1551 v. Chr.) das bauliche Erscheinungsbild des Niltals. Der eigentliche Tempel erhob sich auf einem rechteckigen, weitgehend klappsymmetrischen Grundriß, der von zahlreichen Kammern und Durchgängen gekennzeichnet war. Eine repräsentative Säulenfront betonte den Eingang an der

[9] Der Säulensaal des Tempels von Luxor, unter Ramses II. (19. Dynastie, 1279–1212 v. Chr.) errichtet

Schmalseite (9). Aus diesem, etwa in Gestalt des Horustempels von Edfu gut bekannten Baumuster (griechisch-hellenistischer Neubau der Zeit um 200 v. Chr., der die Gestalt einer wesentlich älteren Bauphase kopierte) ließen sich mittels Addition riesige Baukomplexe erstellen; die Tempelanlage von Heliopolis, die größte Ägyptens, überdeckte fast 1 Mio. m² Fläche.

Zwischen Orient und Okzident: Minoische und mykenische Paläste der ägäischen Bronzezeit

Die minoische Kultur, benannt nach dem legendären kretischen König Minos, erstreckte sich im 2. Jt. v. Chr. über die südlichen Ägäisinseln. Ein wichtiges Zentrum war neben Kreta vor allem die Insel Thera (Santorin). Kunst und Kultur, aber auch Gesellschaft und Religion der Minoer waren nicht auf das Festland der südlichen Balkanhalbinsel hin orientiert, sondern auf die benachbarten Hochkulturen im Süden und Südosten: Intensive Handels- und Kulturkontakte bestanden nach Ägypten, in den kleinasiatisch-vorderorientalischen Raum und nach Zypern. Ob die Machtbasis der minoischen Kultur, wie dies der griechische Historiker Thukydides im 5. Jh. v. Chr. beschrieb, eine unumschränkte Seeherrschaft (»Thalassokratie«) in der Südägäis war, gilt heute als fraglich. Sicher aber ist, daß es hochwirksame, politisch-militärisch stabilisierende Faktoren gegeben haben muß, die es der minoischen Kultur erlaubten, ihre wohlhabenden Paläste, Städte und

Siedlungen
gänzlich ohne
Schutz-
mauern
zu er-
rich-
ten.
Nabel
der minoischen Welt war der Palast.
Ein regelrechtes System der Palastwirtschaft
prägte sich seit etwa 1900 v. Chr. auf Kreta in den Palästen von Knossos (**10**, **11**, **12**), Kato Zakros, Phaistos
und Malia aus. Der Palast war ein multifunktionales
Baukonglomerat. Er barg als eine mehrstöckige, um
einen großen Zentralhof herum angeordnete, bisweilen
fast labyrinthartig verschachtelte Architektur gleichermaßen Magazin- und Lagerräume, Werkstätten, Wohn-
und Repräsentationsräume, aber auch Bereiche für
Kult und Religion. Alle wirtschaftlichen, religiösen und
gesellschaftlichen Fäden liefen im Palast zusammen –
ein durchaus orientalischer Zug, vergleichbar mit den
großen Palaststädten der Babylonier. Und in diesem
Sinn vergleichbar war auch das Aufkommen von
Schrift: Die kretische Linear-A- und später die Linear-
B-Schrift waren, ähnlich der Keilschrift, Archivschrif-
ten im Kontext der Verwaltung
einer Palastwirtschaft. Im Umkreis
der Paläste, aber auch etwas abseits
von ihnen entstanden verschiedentlich städtische Siedlungen wie auch
großzügig-vornehme Villenanla-
gen; das jenseits von Architektur
und Baukunst Erhaltene der minoischen Kultur – Fresken, Plastiken,
Gemmen, Fayencen, Keramik, Me-
tallgeräte, Goldschmuck – dokumentiert einen enormen materiellen Wohlstand ebenso wie bis
dahin unerreichte handwerkliche
Fähigkeiten.

[10] Re-
konstruktions-
zeichnung des minoi-
schen Palastes von
Knossos

[11] Grundriß des mi-
noischen Palastes von
Knossos mit räumlicher
Verteilung der Funktio-
nen. Rekonstruktion

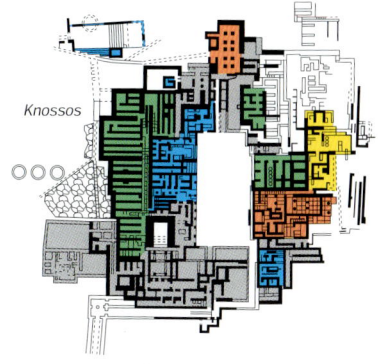

Knossos

Architektur und Funktion der minoischen Paläste

- Kultur und Religion
- Magazine
- Werkstätten
- Wohn- und Repräsentationsräume
- ungeklärte Funktionen

N

0   40 m

Von der minoischen Kultur mit ihrem anmutig-friedlichen Gesamteindruck, der die modernen Menschen immer wieder so fasziniert und angeregt hat, unterschied sich die zeitlich weitgehend parallele Kultur der Mykener auf dem griechischen Festland grundsätzlich. Als ein Ableger mitteleuropäischer Bronzezeit-Kulturen war das Markenzeichen der Mykener eine hochstehende Waffentechnologie. Lange und kurze Schwerter, Dolche, martialische Rüstungen und Helme, alles aus harten Bronzelegierungen hergestellt, bilden neben einer praktischen, aber wenig kunstvollen Keramik die Leitfunde der mykenischen Kultur, die sich in zahlreichen Gräbern der Zeit zwischen 1800 und 1100 v. Chr. angefunden haben. Dem minoischen Palastsystem nicht unähnlich organisiert waren die mykenischen Burgpaläste, wie sie heute am besten aus der Argolis (Mykene, Tiryns), der Peloponnes (Pylos), Attika

[12] Der Palast von Knossos auf Kreta präsentiert sich heute, trotz des bisweilen ruinenhaften Anblicks, in der Rekonstruktion, die der englische Ausgräber Sir Arthur Evans seit 1900 durchführte.

(Athen) und Böotien (Orchomenos, Theben, Gla) bekannt sind. Auch sie waren, als Herren- bzw. Herrschersitze, Zentren von Produktion und von Rohstofflagerung, von Handel, von politischer und religiöser Macht. Doch gab es wichtige Unterschiede. Anders als die kretischen Paläste, die über Jahrhunderte hinweg in einem friedlichen Miteinander verbunden waren, herrschte zwischen den mykenischen Zentren in der Regel ein erhebliches Konkurrenzdenken. Daß die mykenischen Paläste mit ihren massiven, aus polygonalen Steinblöcken gefügten Wehrmauern (»Zyklopenmauern«) den Charakter regelrecht hochgerüsteter Burgen aufwiesen (13), lag nicht nur an der Bedrohung

durch ein feindliches Außen, son-
der auch und vor allem an den
permanenten Konflikten zwischen den einzelnen Gruppen.
War die minoische Kultur der
Südägäis wenigstens im Kern auf
einen Gesamtzusammenhalt,
auf Gemeinsamkeit bedacht, so
herrschten zwischen den mykenischen Burgen zwar durchaus
auch Diplomatie und Koalitionen,
insgesamt aber dennoch eher
Unfrieden. Jeder Clan agierte
zunächst für sich allein. Ein
soziales System wie etwa das der Burg von Mykene
wird man sich vorstellen müssen als eine vielleicht 100
Personen umfassende Sippe von privilegierten Herrschern in der Burg und einer hiervon abhängigen, in
dörflichen Streusiedlungen lebenden Landbevölkerung.
Ein Umkreis von etwa 5–10 km war von der immer
erhöht gelegenen Burg aus gut kontrollierbar; zugleich
bot die Burg der Bevölkerung im Kriegsfall Schutz. Die
Gründe für den Untergang der mykenischen und minoischen Hochkultur am Ende des 2. Jt. v. Chr. sind bis
heute in ihren Details ungeklärt. Die kretischen Minoer
sind vermutlich von den festländischen Mykenern erobert und letztere von Einwanderern aus dem Norden
verdrängt worden.

[13]   Die ausgegrabe-
nen Ruinen der Burg von
Tiryns in der Argolis: ein
massiv befestigter myke-
nischer Herrensitz auf
einer Anhöhe, ideal
geeignet zur Kontrolle
des umgebenden Acker-
landes. Luftaufnahme

[14]   Die Schachtgräber
in der Burg von Mykene.
Mitte 2. Jt. v. Chr.

Bauwesen und Bautechnik in der griechischen Antike

In welch hohem Maße die griechisch-römische Antike impulsgebend für die Architekturgeschichte war, zeigt sich nicht allein an den zahlreichen formalen Adaptationen antiker Baumuster in nachantiken Zeiten (vgl. S. 84ff.), sondern schon in der Nomenklatur: Der Begriff »Architektur« ist dem lateinischen Wort *architectura* entlehnt, das den planerisch-gestalterischen Umgang mit Baukunst beschreibt. Vitruvs um die Zeitenwende entstandene Schrift ›De architectura libri decem‹ (›10 Bücher über Architektur‹) formuliert dieses bis heute andauernde Verständnis umfassend und zeigt zugleich dessen antike Wurzeln.

Verschiedene, z. T. vollständig erhaltene Inschriften aus dem späten 5. und dem 4. Jh. v. Chr. geben detaillierte Aufschlüsse über Organisations- und Verfahrensfragen des griechischen Bauwesens – Inschriften, die einst Dokumentations- und Abrechnungszwecken dienten, heute jedoch einen guten Einblick in den Vorgang des antiken Bauens bieten. Deutlich wird dabei, daß Bauen in der griechischen Antike ein höchst komplexer, eng mit gesellschaftlichen Gegebenheiten verknüpfter Vorgang war. Schon die Errichtung eines vergleichsweise kleinen Bauwerks wie des in Inschriften gut dokumentierten Asklepiostempels von Epidauros im 4. Jh. v. Chr. bildete eine große Herausforderung für Planer und ausführende Handwerker. Form und Gestalt des Bauwerks wurden von der Priesterschaft oder der Stadt als dem Bauträger, bisweilen in langwieriger und kontroverser Debatte, festgelegt. Der Architekt wirkte hier nicht als autonomer »Baukünstler« mit, sondern sein von diesen Vorgaben abhängiger »Bauplan« war die Grundlage für die Verwirklichung des Bauwerks. Für diese Organisationsaufgabe trug der Architekt zusammen mit einem städtischen oder priesterlichen Gremium (für die Kontrolle der Termine und Kosten) die Verantwortung. Das Bauganze wurde in verschiedene, teils sehr kleine, teils überaus umfangreiche Arbeitsabschnitte zergliedert. Diese »Kontrakte« wurden im Sinne moderner Werkverträge an einzelne Handwerker oder Betriebe zur Ausführung vergeben. Waren im 6. und 5. Jh. v. Chr. überwiegend Kleinbetriebe (in insgesamt großer Zahl) mit einem Tempelbau befaßt, finden sich im 4. Jh. v. Chr. zunehmend Großfirmen (die nicht selten Teile ihres Kontraktes an Subunternehmer weitervergaben). Bei sehr großen, zeitlich unüberschaubaren Bauprojekten kam es seit etwa 300 v. Chr. auch zur Einrichtung dauerhaft tätiger Bauhütten, etwa am hellenistischen Apollontempel von Didyma bei Milet in Kleinasien.

Die Kontraktnehmer waren für die korrekte Durchführung der übernommenen Arbeitsabschnitte verantwortlich, besonders aber für die Einhaltung der zuvor festgelegten Termine. Sie hatten einen Bürgen zu stellen und im Verzugsfall erhebliche Konventionalstrafen zu leisten. Daß dies häufig passierte, läßt sich aus dem Umstand erschließen, daß eine Vorausschätzung solcher Strafgelder nicht selten einen wesentlichen Bestandteil des Kostenansatzes für ein Bauprojekt bildete. Eine Überschreitung der Kostenkalkulation ging ebenfalls allein zu Lasten der Kontraktnehmer; vereinbart waren Festpreise. Im Gegensatz zur eigentlichen Handarbeit an der Baustelle war die Beschaffung von Baumaterial ausgesprochen teuer. Für den Asklepiostempel von Epidauros mußte das Material von weither, z. T. mit Schiffen, herantransportiert werden. Wenn hingegen, wie beim Erechtheion auf der Athener Akropolis, bezeugt ist, daß Teams von fünf bis sieben Steinmetzen für die Kannelur einer Säule bis zu zwei Monate Arbeitszeit benötigten, war dies unter dem Gesichtspunkt der Gesamtkosten ein zu vernachlässigender Faktor: Der Arbeitslohn betrug pro Person eine Drachme pro Tag, was ausgesprochen billig war; er wurde an Freie wie auch Sklaven (in diesem Falle an ihre Besitzer) in gleicher Höhe gezahlt.

359–336 v. Chr.
Der Makedonenkönig Philipp II. dominiert Griechenland; Auflösung der griechischen Polis-Welt und Beginn der hellenistischen Königreiche

336–323 v. Chr.
Regentschaft Alexanders d. Gr.; Eroberung Persiens; Zerfall des Reiches nach seinem Tod in die Diadochenstaaten

264–241 v. Chr.
Erster von drei Kriegen Roms gegen die Punier; Rom erobert Sizilien

seit 171 v. Chr.
Rom erobert Griechenland, 146 v. Chr.: Zerstörung Korinths und Karthagos

seit 49 v. Chr.
Bürgerkrieg in Italien; 44 v. Chr.: Ermordung Caesars

seit 27 v. Chr.
Regentschaft des Augustus (Prinzipat)

14 n. Chr.
Übergang des Prinzipats auf Tiberius, Beginn der römischen Kaiserzeit

3. Jh. n. Chr.
Krise des römischen Reiches (Thronwirren, Abspaltungen, wirtschaftlicher Niedergang)

ab 284 n. Chr.
Restitution unter der Tetrarchie (»Viererherrschaft«) des Diokletian

[15] Transport eines tonnenschweren Steinquaders mittels wiederverwendbarer Holzräder: eine Erfindung, die den im 6. Jh. v. Chr. am archaischen Artemision von Ephesos tätigen Architekten Chersiphron und Metagenes zugeschrieben wird. Rekonstruktion

[16] Musterwerkstück für das korinthische Kapitell des Rundtempels (*tholos*) im Asklepiosheiligtum von Epidauros, der zwischen 360 und 310 v. Chr. erbaut wurde. Das *parádeigma*, nach dem man alle Marmorkapitelle in serieller Kopie fertigte, wurde nach Vollendung des Bauwerks als eine Art Opfer neben dem Bau vergraben. Epidauros, Museum

Der Materialtransport und der Versatz der Bauglieder machte spezielle Vorrichtungen wie Walzen, Rollen, Karren, Stemmhebel und mobile Kräne erforderlich (15). Es war üblich, die einzelnen Bauteile bereits im Steinbruch annähernd in ihre Endform zu bringen. Quader wurden hier ebenso vorgefertigt wie Säulentrommeln, dabei jedoch leicht überdimensioniert, um eine später abzumeißelnde »Schutzschicht« für eventuelle Transportschäden zu besitzen. Nach einem Vorbild (*parádeigma*) wurden dann die exakten Formen der Bauglieder, etwa der Kapitelle (16), in serieller Kopie direkt an der Baustelle ausgemeißelt und mittels Flaschenzügen oder Hebeln versetzt (17). Um Beschädigungen der Bauglieder, vor allem derjenigen aus sprödem Marmor oder Kalkstein, auch bei diesem Arbeitsschritt zu vermeiden, wurden mittels Anathyrose die Kontaktflächen der Bauteile minimiert. Wand- und Krepisquader wie auch Gebälkteile wurden dann mit Bronzeklammern fest verbunden, Säulentrommeln fest verdübelt. Erst danach wurde die letzte Marmorschicht am Bau entfernt, wurden die Säulen kanneliert und das Ganze schließlich in bunten Farben bemalt.

Daß die antik-griechische Architektur sehr weitgehend aus marmornen oder kalksteinernen Säulen- und Quaderbauten, also aus Tempeln, Hallen etc. bestanden hat, ist ein heute gängiges Klischee, das vor allem durch die relativ gute Erhaltung, also die moderne Sichtbarkeit der Reste solcher Bauwerke entstanden ist. Tatsächlich aber war die überwiegende Mehrzahl antikgriechischer Bauten aus einer vergänglich-fragilen Holz- und Lehmarchitektur erbaut. Von solchen Bau-

[17] Darstellung verschiedener Techniken zum Heben von Architekturteilen. Hebebossen, stehengelassene Vorsprünge, um die Seile gelegt werden konnten, wurden später meist abgemeißelt und sind an unvollendet gebliebenen Bauten z. T. bis heute gut erkennbar. Mit unerhörter Präzision wurden die Steinquader am Bau justiert und anschließend verklammert.

werken haben sich meist nur noch Reste der massiven Fundamente und Sockel, selten hingegen aufgehendes Mauerwerk erhalten. Teile der Stadtmauer von Athen (18) zeigen indessen aber eindrucksvoll, daß die Lehmbautechnik nicht nur bei unscheinbaren Hütten und Stallungen, sondern auch bei großen Repräsentations- und Wehrarchitekturen gang und gäbe war.

[18] Lehmziegel-Mauer, die einem stabilen Sockel von Steinquadern aufgesetzt wurde: die Stadtmauer von Athen am Kerameikos, Zustand um 1900

Typen antiker Architektur – Ein Überblick

Im Gegensatz zur architektonischen Gegenwart mit ihrem fast unerschöpflich wirkenden Repertoire von Bauformen war die Architektur der klassischen Antike in hohem Maß typengebunden – wobei dies für die römische Antike noch mehr zutrifft als für die griechische. Das Spektrum antiker Tempelarchitektur war formal eng begrenzt. Neben der Standardform des in verschiedenen Bauordnungen ausgeführten Ringhallentempels (s. S. 24f.) existierten in Griechenland Rundtempel wie etwa diejenigen von Delphi oder Epidauros, daneben eine ganze Reihe von kleineren, wenig repräsentativen Antentempeln ohne Ringhalle. Die solchen Tempeln bisweilen unmittelbar zughörigen Altäre waren nicht immer architektonische Bauwerke; sie konnten einfache Aschehaufen an der Stelle des Opferplatzes, grob behauene Felsbänke, aber auch Bauten von eher einfachen Tisch- und Bankformen sein bis hin zu riesigen Monumentalbauten (wie etwa der große Zeusaltar von Pergamon). Römische Tempel erhoben sich auf einem massiven Podium, das über eine breite Freitreppe zur Tempelfront hin zugänglich war (19). Anders als der griechische Tempel war der römische auf eine einzige Richtung bezogen. Die Cella im Inneren der Bauten war bei den Kapitolstempeln der Städte in der Regel dreigeteilt; hier wurde die kapitolinische Trias der Götter Jupiter, Juno und Minerva gemeinsam verehrt.

[19] Grundriß des Tempels von Orvieto, 5. Jh. v. Chr. Solche etruskischen Bauten waren die Vorbilder für den römischen Podiumstempel, der sich in seinen Formen und Strukturen vom griechischen Ringhallentempel markant unterschied.

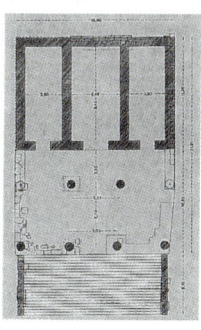

[20]   Die um 140 v. Chr. erbaute Attalos-Stoa in Athen, ein Geschenk des Pergamenerkönigs Attalos II. an die Stadt, ist in ihrer in den 1950er Jahren vorgenommenen, sehr exakten Rekonstruktion ein Beispiel einer griechischen Säulenhalle, die für Marktzwecke genutzt wurde.

[21]   Das römische Theater von Aspendos in der Türkei, im 2. Jh. n. Chr. erbaut, gilt als das besterhaltene Exemplar dieses antiken Bautyps.

Die griechische Säulen- und Quaderarchitektur, wie sie sich in den Ringhallentempeln manifestierte, findet sich jenseits dieses Bautyps zunächst in insgesamt nur wenigen typologischen Variationen wieder. Hierzu gehörten vor allem seit dem 5. Jh. v. Chr. repräsentative Brunnenhäuser, prunkvolle Torbauten (z. B. die Propyläen der Akropolis in Athen), aber auch langgestreckte Hallen (20). Erst in der Architektur des Hellenismus (3.–1. Jh. v. Chr.) findet ein grundsätzlicher Wandel statt: Nun begegnen auch mehrstöckige Architekturen mit komplexen, durchfensterten Wandsystemen und zunehmend funktional gestalteten, vielförmigen Grundrissen.

Von erheblicher gesellschaftlicher Bedeutung waren in der Antike Freizeit- bzw. Unterhaltungsarchitekturen. Allen voran die Theaterbauten, die zumindest in Griechenland durchaus nicht nur als Orte für die Aufführung von Schauspielen dienten, sondern auch als politische Versammlungsstätten, als Tagungsorte der Volksversammlung. Griechische Theater nutzten dabei eine natürliche Hangneigung, waren in einen solchen Hang eingebaut, während römische Theater als freistehende Bauten ausgeführt waren (21). Gemeinsam war beiden Typen die Binnenstruktur: eine ansteigende *cavea* (die Zuschauerränge) sowie eine *orchestra* (Aktionsplatz) bzw. eine ausgeformte Bühne mit mehrstöckigem Bühnengebäude im Hintergrund. Eine Variante des römischen Theaters ist das Odeion, ein kleiner, gänzlich überdach-

ter Theaterbau für Dichterlesungen und Musikvor-
führungen (Odeion des Herodes Atticus am Südhang
der Athener Akropolis). Spezifische Ableger römischer
Theater- und Schauspielkultur sind das Amphitheater
und der Circus. Die im Kolosseum in Rom (22)
musterhaft ausgestaltete ovale Form des riesigen
Amphitheaters, das sich in der römischen Kaiserzeit
dann in fast jeder größeren Stadt erhob, geht auf höl-
zerne Tribünenbauten zurück, wie sie bis ins
1. Jh. v. Chr. in den römischen Städten für Gladiatoren-
spiele üblich gewesen waren. Die Obrigkeit scheute bei
solchen höchst populären Ereignissen die nicht seltenen Ausschreitungen und vermied es über Jahrhunderte, feste, steinerne Amphitheaterbauten in den
Städten zuzulassen (als sie dann unvermeidlich wurden, nahmen sie in den Städten, eben aus Gründen
der inneren Sicherheit, meist eine Randlage ein). Der
Circus, in Gestalt des Circus Maximus der Stadt Rom
in seiner Urform erbaut, geht zurück auf griechische
Hippodromanlagen; er diente einerseits für Wagenrennen, aber auch als Start- und Zielpunkt großer Prozes-
sionen und Umzüge. Ein weiterer Typus antiker Freizeitarchitektur ist die Therme: eine öffentliche Badeanlage mit verschiedenen zusätzlichen Sport- und Un-
terhaltungsangeboten, die zunächst, wie etwa in Pompeji, relativ bescheidenen Prunk aufwies, in der Kaiserzeit jedoch als herrscherliches Repräsentationsobjekt
zu einem prachtvollen »Geschenk« an das Volk geriet.
Die großen Thermen Roms (u. a. unter Titus, Caracalla
oder Diokletian erbaut) waren durch palastartigen Aus-
maße und höfische Ausstattungsopulenz charakterisiert (s. S. 33). Sie integrierten als Bautypen verschiedene ältere, z. T. urgriechische Formen von Sportarchitek-
turen, etwa das Gymnasium und die Palästra.

   Die Grundformen des antiken Hauses (s. S. 27)
wurden im Imperium Romanum um einige neue
Formen städtischen, aber auch ländlichen Wohnens
ergänzt. In den städtischen Ballungsgebieten entstanden hochhausartige Mietshäuser, die bis zu sechs
Geschosse aufweisen konnten (23). Eine ebenfalls

[22] Der Archetyp des
Amphitheaters – das
Kolosseum in Rom.
Stich aus dem 18. Jh.

römische »Erfindung« ist die Villa – der zunächst landwirtschaftlich geprägte Gutsbetrieb außerhalb der Stadt, der im 1. Jh. v. Chr. aber immer mehr die Züge einer Freizeit- und Entspannungsarchitektur der römischen Oberschicht annahm (vgl. S. 32f.).

[23] Vierstöckiges Mietshaus in der Hafenstadt Ostia bei Rom, erbaut im 2. Jh. n. Chr. Modell

Der griechische Ringhallentempel

Kein anderer Bautyp ist in der modernen Vorstellung enger mit der griechischen Antike verbunden als der Ringhallentempel, dessen Kernbau (*Cella*) sich mitsamt dem Säulenumgang auf einem langrechteckigen, gestuften Unterbau (*krepís*) erhebt (24). Als perfektes Beispiel gilt der Parthenon auf der Athener Akropolis (25), zwischen 449 und 438 v. Chr. in Rekordzeit errichtet. Durchaus oft jedoch hatten Tempel wie der Parthenon gar nichts mit der eigentlichen Kultausübung zu tun, waren also keineswegs unentbehrliche Requisiten innerhalb eines Heiligtums. Tempel waren, auch wenn sie als Verwahrorte von Götterbildern in den Kultbetrieb eingebunden waren, durchweg mit

[24] Baustruktur eines dorischen Tempels.
1 Krepís (Sockel) **2** Stylobat **3** Säulen der Peristasis **4** Architrav **5** Metopen-Triglyphen-Fries **6** Tympanon **7** Akrotere **8** Antefixe **9** Dachgestühl aus Holz **10** Säulenstellung der Eingangshalle **11** Pronaos (Vorhalle zur Cella) **12** äußere Cellawand **13** dreischiffige Cella **14** Adyton (das »Nichtbetretbare«)

anderen Weihgeschenken im Heiligtum zu vergleichen, wobei diese Bauten wegen ihrer Größe und Kostspieligkeit als »Gemeinschaftsweihungen« Brennpunkte für Aktivitäten waren, die gerade in den sozial zerrissenen Gesellschaften der griechischen Stadtstaaten des 7. und 6. Jh. v. Chr. ideal geeignet waren, als ein gemeinsames Vorhaben der Bürgerschaft Integration und Identität zu stiften. Weihinschriften an einzelnen Säulentrommeln, Dachziegeln oder anderen Baugliedern zeigen, wie individuell markierte Weihungen in einen übergeordneten Verbund eingefügt wurden. In diesem Sinne als Weihgeschenk fungierte auch der Parthenon – als ein herausragendes Denkmal, das überdies in einer Vielzahl von Reliefbildern die politisch-militärischen Ansprüche der Stadt Athen formulierte, nicht hingegen als Kultbau.

[25] Die Westfront des Parthenon auf der Athener Akropolis. Der Bau bestand gänzlich aus Marmor und war mit seinen 8 x 17 Säulen ungewöhnlich großzügig dimensioniert, dabei jedoch optisch außerordentlich harmonisch und proportioniert berechnet.

Es ist bis heute nicht gelungen, eine schlüssige Erklärung oder eine typologische Ableitung für die uns so selbstverständlich erscheinende, tatsächlich aber keineswegs besonders naheliegende äußere Form des Ringhallentempels, vor allem für die umlaufende Säulenstellung und den Dekor der Ordnungen, vorzulegen. Früheste Belege für Holzbauten mit einer ringhallenförmigen Struktur wie etwa am »Tempel« von Lefkandi (10. Jh. v. Chr.) stehen isoliert. Im späten 7. Jh. v. Chr. tritt zunächst die dorische Bauordnung als Steinbau und dabei in ihren Einzelheiten bereits vollständig ausgeprägt in Erscheinung (24), vornehmlich auf dem griechischen Festland (Olympia), der westlichen Inseln (Korfu) und bald auch in den Koloniestädten Siziliens und Süditaliens. Besonders die Detailformen des Gebälks mit ihren »Nägeln«, »Sparren« und »Balken«, aber auch die Säule mit ihrem Plattenkapitell und der Kannelur machen es wahrscheinlich, daß hier eine

[26] Der ionische Artemis-Tempel von Ephesos: Rekonstruktionszeichnung des Neubaus (der in wesentlichen Strukturen dem durch die Brandstiftung des Herostrat 356 v. Chr. zerstörten archaischen Bau des 6. Jh. v. Chr. folgte). Der Tempel war als Dipteros mit doppeltem Säulenkranz angelegt, der sich dem Betrachter wie ein ganzer Säulenwald präsentierte. Der untere Teil der Säulenschäfte war mit skulpierten Reliefs aufwendig dekoriert.

zuvor bereits voll entwickelte Holzbaustruktur in Steinbauweise umgesetzt wurde, wobei den aus technischer Sicht eigentlich entbehrlichen Formdetails offenbar in hohem Maße Ornamentcharakter zugemessen wurde.

Aus der ionischen Bauordnung mit ihrer charakteristischen Säule aus wulstiger Basis, abgeflachter Schaftkannelur und Volutenkapitell sowie ihrer nun nicht mehr an den Holzbau erinnernden Gebälkformen entwickelte sich erst um die Mitte des 6. Jh. v. Chr. ein echter Formenkanon. Entscheidende Bedeutung kam dabei den archaischen Riesentempeln von Ephesos, Didyma und Samos (26) zu. Die schmuckreich-elegante ionische Ordnung sowie seit dem 4. Jh. v. Chr. dann auch zunehmend die hiervon abgeleitete korinthische Ordnung verdrängen in den Jahren nach 300 v. Chr. die dagegen spröde dorische Ordnung allmählich zur Gänze. Neue Formen wie kreisrunde Bauten finden sich nun überdies zunehmend häufig.

Der griechische Ringhallentempel war in den gut 200 Jahren zwischen 600 und 400 v. Chr. erheblichen Formveränderungen unterzogen. Immer weiter prägte sich eine Art Baukastensystem aus, was verständlich erscheint, wenn man sich vor Augen führt, daß etwa ein dorischer Ringhallentempel nur aus einer recht begrenzten Anzahl von immer wieder repetierten Bauteilen, Strecken und Streckenverhältnissen bestand. Immer regelmäßiger wurden die Säulenabstände, immer ausgewogener die Proportionen der Einzelteile wie auch des Bauganzen, immer akribischer rückte man schließlich den strukturell bedingten Problemen der Bauordnung, etwa dem »dorischen Eckkonflikt«, (27) zu Leibe, bis schließlich am Ende der Experimentierphase ideale Baumuster gewonnen waren, die nun immer wieder aufs Neue Anwendung fanden. Schon aus wenigen Resten eines griechischen Tempels läßt sich deswegen nicht nur das gesamte Bauwerk recht einfach und exakt rekonstruieren, sondern anhand der relativen Stellung in diesem Entwicklungsprozeß auch seine Datierung auf wenige Jahrzehnte genau ermitteln.

Das griechisch-römische Haus

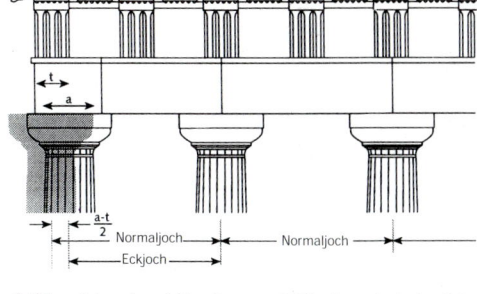

Privater Luxus, der sich als besonderer, demonstrativer Aufwand etwa bei Hausarchitekturen dokumentiert, ist der griechischen Antike zunächst fremd. Relativ schlichte Gebäude, meist mit einem Hof im Zentrum, bilden hier den Mittelpunkt des ökonomischen und häuslichen Lebens der einzelnen Sippen in den Städten; es waren Großfamilien mitsamt dem Gesinde und ihrer Hauswirtschaft, die hier unter einem Dach lebten. Weit verbreitet war der Typus des Pastas-Hauses (28): Vom *oikos*, dem Hof aus, war ein quergelagerter Korridor (*pastas*) zugänglich, der in den meist zweistöckigen Wohntrakt führte; um den Hof herum fanden sich Werkstatt, Laden oder Vorratsräume.

Baulicher Luxus in nennenswertem Umfang begegnet erst im 4. Jh. v. Chr. und damit in einer Zeit, in der sich in ganz Griechenland ein Rückzug der Bürger aus der aktiven Teilnahme am Leben der Polis in die Privatsphäre konstatieren läßt. Große Peristylhäuser entstehen, bei denen sich immer mehr das Andron, der für das Symposion vorgesehene, klinenbestandene Männerraum, zu einer Art »öffentlichem«, von Gästen vielbesuchten Bereich auswächst, während demgegenüber die Privatgemächer hiervon strikt abgetrennt sind. Andron und Peristyl werden in ihrem baulichen Aufwand und in ihrer Dekoration mit Mosaiken oder Fresken zu Gradmessern des sozialen und ökonomischen Status des Hausherrn. Innerhalb moderner griechischer Städte erhoben sich solche Häuser, dicht aneinandergebaut, auf langrechteckigen *insulae*, den von einem rechtwinkeligen Straßennetz »ausgeschnittenen« Siedlungs-

[27] Der »dorische Eckkonflikt«, ein in der Antike allgemein bekanntes und diskutiertes architektonisches Problem, dessen Unlösbarkeit nach Vitruv schließlich zur Aufgabe der dorischen Bauordnung führte, bezeichnet die Unmöglichkeit, eine gleichmäßig um die Ecke biegende Abfolge von Triglyphen (t) und Metopen (a) über der Säulenstellung zu bewirken.

[28] Pastas-Haus aus der nordgriechischen Stadt Olynth, erbaut um 350 v. Chr. Grundriß

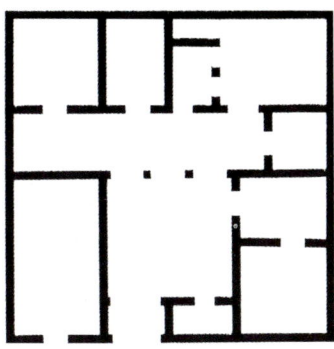

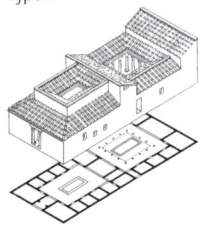

[29] Die im Prinzip immer gleichartigen Häuser im nordgriechischen Olynthos erhoben sich, in Reihe gebaut, auf normierten Grundstücken in einem *insula* genannten Karree, der Bebauungsfläche innerhalb eines Rasters sich rechtwinklig kreuzender Straßen. Rekonstruktionszeichnung

[30] Zwei Grundtypen des römischen Hauses: Das Peristylhaus (unten links) steht in hellenistisch-griechischer Tradition, das Atriumhaus (unten rechts) hat etruskisch-italische Wurzeln. In Pompeji dominieren Vermischungen beider Typen.

flächen: zunächst wohl auf immer gleich großem Terrain – eine urbanistische Struktur, die sich jedoch, etwa durch Zukauf des Nachbargrundstücks und anschließende Hauserweiterung, schnell verändern konnte (29).

In Italien entstand im 4. Jh. v. Chr. der Typ des Atriumhauses (30): eine nach außen abgeschlossene, im allgemeinen einstöckige, verschiedentlich (wie etwa in Herkulaneum) aber auch zweistöckige Architektur mit einem Hof im Zentrum, der – bis auf einen kleinen Lichtschacht – von einem Satteldach überdeckt war. Um dieses Atrium herum gruppierten sich die verschiedenen Wohnräume. Der hintere Teil des Hauses bestand üblicherweise aus einem hoch ummauerten kleinen Hofgarten. Den Eindruck der hermetischen Abgeschlossenheit dieses Haustyps komplettiert die Straßenfront: Links und rechts des meist schmalen und unscheinbaren Eingangs finden sich Läden, die nur zur Straße hin offen und ohne Verbindung zum Haus waren.

Je nach finanziellen Möglichkeiten des Besitzers war dieses Architekturkonzept bis hin zu regelrechten Stadtpalästen erweiterbar, wie es sich etwa an den Häusern des 79 n. Chr. im Inferno des Vesuv-Ausbruchs versunkenen Pompeji noch gut nachvollziehen läßt. Das Atriumhaus konnte, falls genügend Grundfläche innerhalb einer *insula* zur Verfügung stand, mit dem Konzept des griechisch-hellenistischen Peristylhauses verbunden werden wie etwa bei der »Casa del Fauno« in Pompeji (31): Hier erstreckte sich ein labyrinthartiges Haus auf über 2000 m² Grundfläche, das zwei Atrien und sogar zwei weitläufige Peristyle, eines davon überdacht, das zweite als Garten konzipiert, mit den Wohntrakten kombinierte.

Meist waren diese Häuser nach Süden hin ausgerichtet und in Raumfolge und Bauweise so angelegt, daß im Sommer eine Überhitzung vermieden und im Winter Sonnenenergie gespeichert werden konnte. Aufwendige Heizungen waren nur in Regionen außerhalb des Mittelmeerraumes üblich. Abhängig von der finanziellen Potenz des Hausherren war auch die Ausstattung der Häuser. Schlichte Holzmöbel und einfachste ornamentale Wanddekoration, aber auch Reste von höchst aufwendigem Interieur fanden sich in Pompeji: elfenbein- oder metallbeschlagene Möbel, Kandelaber und Klinen aus Bronze, filigrane, großflächige Wandmalereien und Mosaikböden, Statuen als Schmuck der Peristyle – nicht erhalten, aber sicher einst vorhanden waren kostbare Kissen und Stoffe, Stickereien, ferner zahlreiches Silbergerät und Geschirre.

[31] Die »Casa del Fauno« in Pompeji. Blick in das Gartenperistyl. Hier, in der zeitweilig auch »Casa Goethe« genannten Anlage, wurde 1832 das berühmte Mosaik mit der Darstellung einer Schlacht zwischen Alexander dem Großen und dem Perserkönig Dareios entdeckt (heute Neapel, Nationalmuseum).

Architektur als Spiegel der Gesellschaft – Innovationen antik-römischer Baukunst und Bautechnik

Von allen Relikten der römischen Antike sind in Mittelalter und Moderne die Ingenieursleistungen am meisten gerühmt worden. Nicht nur Prunk und Größe, sondern auch die Haltbarkeit, die technische Ausgeklügeltheit und die immer wieder überraschende Funktionalität der Bauten war Gegenstand stetiger Bewunderung. Brücken- und Straßenbau, Wasserleitungen, vielstöckige Hochhäuser, riesige Kuppelsäle und weitgespannte, tonnenüberwölbte Basiliken waren Phänomene der römischen Architektur, die nachfolgenden Generationen Maßstab und Herausforderung zugleich waren – Innovationen aber auch, die nicht allein den Sektor der Bauformen betrafen.

War die antik-griechische Architektur jenseits der Quader- und Säulenarchitektur insgesamt von eher unscheinbaren und vergänglichen Holz- und Lehm-

[32] Erstellung eines römischen Gußzementkerns durch Holzverschalung. Rekonstruktion

[33] Mit Tuffsteinen und Ziegeln verkleidete römische Gußzementmauer in Pompeji aus dem 1. Jh. n. Chr.

ziegelbauten gekennzeichnet (vgl. S. 20), revolutionierte die römische Erfindung des Gußzements und des gebrannten Ziegels nicht nur die Bauformen und ihre physische Dauerhaftigkeit, sondern auch alle technisch-organisatorischen und sozialen Aspekte des Bauwesens. Das dem heutigen Zement ähnliche, verflüssigbare und deshalb in einer Holzschalung nahezu beliebig formbare *opus caementicium* war ein Baustoff, der schnell aushärtete, beinahe unbegrenzt belastbar und kaum zerstörbar war und der als unansehnlicher grauer Gußkern mit verschiedenen Ziegelstrukturen, mit polierten Marmor- oder Travertinplatten oder mit Tuffsteinen dekorativ verblendet werden konnte (32, 33). Diese Zementgußtechnik, aber auch ein kompaktes Mauerwerk aus gebrannten Ziegeln ermöglichte einen erheblichen Zuwachs an architektonischen Formen. Fassaden konnten durch Nischen, Einrückungen nach Innen und Außen sowie durch gewölbte Apsiden gegliedert werden; Räume ließen sich mit gegossenen, weit gespannten Tonnengewölben oder Kuppeln mit Durchmessern von über 40 m, wie etwa beim Pantheon in Rom, überdecken (34), Stützpfeilerkonstruktionen führten zum Bau massiver Substruktionen von Hangarchitekturen oder talüberquerender Aqädukte (35), und die Gußzement- wie auch die Ziegeltechnik ermöglichten insgesamt ein bis dahin ungekanntes Hochbauverfahren.

Damit einher ging eine Revolution der sozialen Komponenten des Bauwesens. Benötigte die griechische Säulen- und Quaderarchitektur zahlreiche hochspezialisierte Handwerkstechniken und Gewerke für Bruch, Transport, Ausformung und Versatz der schweren Bauglieder, so ließ sich mit Hilfe der neuen Fertigungstechniken schnell ein großes Bauvolumen erzeugen, das zwar Organisatoren und Spezialisten – besonders für den Holz- und Schalungsbau – benötigte, in der Hauptsache aber eine große

Zahl von sachlich nicht notwendigerweise kompetenten Hilfskräften. So ließ sich Sklavenarbeit in großem Umfang im Bauwesen verwenden, aber auch unausgebildete Tagelöhner konnten in Transport, Zement- und Ziegelherstellung oder in der Holzbearbeitung beschäftigt werden, wie dies – als eine Art Arbeitsbeschaffungsmaßnahme – im Baubetrieb der römischen Kaiserzeit auch immer wieder geschah.

[34] Bau einer römischen Zementkuppel mittels eines die Konstruktion unterstützenden Schalgerüstes. Zeichnerische Rekonstruktion

Thermen, Villen und Paläste: Römischer Bauluxus

Rom als Inbegriff von Luxus und Dekadenz – dieses bis heute nachwirkende, aus der antiken Literatur überlieferte und dann in nachantiken Historienbildern, Theater- und Filmkulissen, in Comics à la ›Asterix‹ immer wieder thematisierte Klischee hat zweifelsohne einen wahren Kern, ist jedoch zumindest in republikanischer Zeit der römischen Antike nicht zueigen gewesen. Autoren wie Cato oder Columella beschworen das einfache Landleben, das aus ehrlich abgemühten Tagewerken bestehen sollte, nicht aus Verweichlichung und Muße. Erst der Kontakt zur griechisch-hellenistischen Staatenwelt, in den Rom im Zuge seiner Eroberung des Mittelmeerraumes zwangsläufig geriet, brachte Kenntnisse von raffinierten Luxusformen mit sich, die im 1. Jh. v. Chr. dann einen radikalen Wandel der Einstellung hierzu bewirkten. Auch in der Architektur findet sich fortan Luxus auf den verschiedensten Ebenen. Am markantesten hat Augustus, der erste römische Kaiser, diesen Wandel formuliert, indem er sich rühmte, bei Beginn seiner Regentschaft ein Rom aus Ziegeln vorgefunden und es in eine Stadt aus Marmor umgestaltet zu haben.

Römischer Bauluxus manifestierte sich zunächst auf der Ebene des verwendeten Baumaterials. Marmor verschiedenster Färbung und Her-

[35] Quer durch die Landschaft: Römische Betonarchitektur, ob Brücke oder Tunnel, war nicht selten ein Symbol für die Überwindung widriger natürlicher Gegebenheiten durch eine alles bezwingende, niederringende Kultur. Der Pont du Gard bei Nîmes in Südfrankreich, ein Aquädukt des 1. Jh. n. Chr.

[36] Eine kleine Auswahl von im antiken römischen Bauwesen gebräuchlichen farbigen Steinsorten, mit denen Gußzementstrukturen verkleidet wurden.

[37] Der »Kanopos«, ein künstlicher Kanal in der Villa des römischen Kaisers Hadrian bei Tivoli in Latium (2. Jh. n. Chr.). Der Kanal führte in eine zum Speiseraum umgebaute Grotte und war von Kopien griechischer Statuen gesäumt.

kunft (36) wurde entweder als massives Material, etwa für Säulen und Gebälke, oder aber als Verblendmaterial von geziegelten oder aus Zement gegossenen Wänden und Decken benutzt. Je farbenprächtiger der Stein und je höher der Preis für Abbau und Transport, desto größer war das Moment der Repräsentation, der Denkmalcharakter für den spendablen Erbauer. Der Kenner wußte genau um die Unterschiede, konnte einen vergleichsweise »billigen« weißen Marmor aus der unmittelbaren Nachbarschaft, etwa aus den Rom nahegelegenen Brüchen von Carrara, sehr wohl von dem prestigeträchtigen, milchig-schimmernden, fein gemaserten Marmor der griechischen Inseln Paros oder Naxos unterscheiden und den »echten« roten Porphyr aus Ägypten als einen höchst wertvollen Baustoff erkennen. Alle Bauwerke mit repräsentativen Ansprüchen, also vor allem öffentliche Bauten des Staates bzw. der Staatsorgane wie Ehrenbögen, Theater- und Arsenalbauten etc., waren Gegenstand solcher Art Bauluxus. Nicht selten befand sich am oder in der Nähe des Bauwerks eine Inschrift, die den Bauherrn (Stadtverwaltung, Senat, Kaiser oder Privatmäzen) und seinen getätigten Aufwand pries.

Eine zweite Kategorie des römischen Bauluxus findet sich in denjenigen Architekturen verwirklicht, die in ihrer Funktion im Bereich des Luxus verhaftet sind. Allen voran geht hier die römische Villa, der zunächst landwirtschaftlich orientierte Gutsbetrieb, der sich im 1. Jh. v. Chr. immer mehr zu einem Landsitz der städtischen Oberschicht und damit zu einer mußegeprägten Freizeitarchitektur wandelt. Villen der Zeit des 1. Jh. n. Chr. formulierten ganze Weltbilder: Künstlich erzeugte Blickachsen integrierten die Natur in die Baulichkeiten ebenso wie künstlich geschlagene und dann wohnlich eingerichtete Grotten, umgeleitete Bäche bewässerten plätschernd naturnah gestaltete, also dennoch künstliche Gärten, programmatisch zusammengestellte Bibliotheken und Statuenensembles, Mosaikschmuck und Wandfresken verwiesen auf die Vorbildhaftigkeit griechischer Kultur und Bildung (und natürlich darauf, daß der Villenbesitzer diesem Selbstverständnis demonstrativ folgte (37). Die Villa als künstlich geschaffene, gleichwohl »naturnahe« Luxuswelt – dieses Ideal findet sich in der Renaissance- und später der Barock-Architektur Italiens unmittelbar wieder aufgegriffen und fortgesetzt (vgl. S. 87). Vom Prunk der Villa hin zum Palast eines Kaisers, Statthalters oder – später – auch eines Bischofs war es nur ein kleiner Schritt; nicht selten ähneln sich dann in der Spätantike Villen und Paläste in Bauformen und Ausstattung ganz erheblich (38).

Ein besonderer Gegenstand von Bauluxus, sowohl in Ausstattungs- wie auch in Funktionsaspekten, waren die großen Thermenanlagen in den Städten – gewissermaßen die Paläste des Volkes. Thermen waren riesig dimensionierte Freizeitarchitekturen, meist Stiftungen der Kaiser oder der kommunalen Magistraten, und dabei immer Stiftungen mit Demonstrationscharakter. Die Anlagen waren meist kostenlos zugänglich; man konnte hier nicht nur baden, sondern zahlreiche weitere Dienstleistungen in Anspruch nehmen: Ärzte und Zahnärzte, Gymnasten oder Rechtsanwälte hatten in den Thermen ebenso ihr Domizil wie Scharlatane, Quacksalber und Prostituierte. Die Bauten waren opulent und mit allem erdenklichem Komfort ausgestattet. Riesige Glasfenster erhellten die überkuppelten bzw. überwölbten und aufwendig dekorierten Innenräume, leistungsfähige Heizungssysteme sorgten für heimelige Wärme, umfangreiche Garten- und Parkanlagen rahmten die Bauten, in denen das städtische Volk seine meist bescheidenen Lebensumstände vergessen sollte.

[38] Der Palast des römischen Kaisers Diokletian in Split, erbaut Anfang des 4. Jh. n. Chr., war eine luxuriöse Architektur im Stile eines Militärlagers. Besonders repräsentativ ausgestaltet war die Seeseite mit ihrem Schiffsanleger. Rekonstruktionszeichnung von 1912

[39] Die »Ur-Hütte« als romantisierende Verklärung von Naturarchitektur: Frontispiz zur zweiten Auflage von Marc-Antoine Laugiers Traktat ›Essay sur l'architecture‹ von 1753

Seit dem Altertum gibt es einen Bereich der Baukunst, der von aus dauerhaften Materialien erbauter Architektur abweicht. Er hat sich bis heute tradiert und ist in seinen Formen und Bauweisen an Vielfältigkeit kaum zu überbieten: die Naturarchitektur, entweder aus vergänglichen Materialien konstruiert oder als Erd- bzw. Felshöhle ausgestaltet. Oft sind jedoch die materielle Not, der regional begrenzte Mangel an alternativen Baumaterialien oder andere äußere Umstände der Grund solcher Bauformen. Die romantische Idea-lisierung solcher Naturarchitektur, etwa die in Marc-Antoine Laugiers berühmter Schrift ›Essay sur l'architecture‹ (Erstausgabe Paris 1753) dargelegte visionäre Idee einer »Ur-Hütte« (39), ist eine ver-klärende Sichtweise, die den Be-wohnern solcher Architektur gewiß fremd bleiben wird.

Höhlenarchitektur gibt es seit der Antike, hier üblicherweise mit der Grabarchitektur verbunden. Bekannteste Beispiele sind sicher die Katakomben Roms oder Nea-pels – Grabanlagen mit zunächst durchaus nicht rein christlichem Charakter, die in labyrinthartigen unterirdischen Gängen angelegt waren. Von herausragender Bedeu-tung sind darüber hinaus die mit aufwendigen architektonischen Fassaden verzierten nabatäischen Felsengräber von Petra in Jorda-nien (40).

Höhlenarchitektur hat in vielen nachantiken Kulturen eine lange Tradition. Sie ist hier meist aus einem besonders ausgeprägten Schutzbedürfnis heraus entstan-den, denn Felshöhlen lassen sich gegen Angreifer in der Regel nahe-zu perfekt verteidigen. Aus solchen Gründen entstanden die zahlrei-chen Felsenkirchen in Armenien, vor allem aber riesige Höhlensied-lungen wie etwa die von Göreme in der Türkei oder auch Matera in Süditalien. Wie von Menschen bewohnte Termitenhaufen müssen diese Städte einst gewirkt haben.

Die »Sassi« von Matera, im unwirtlichen Bergland der Basilicata gelegen, werden noch heute als Behausungen genutzt, während die Felswohnungen von Göreme zu Touristenattraktionen geworden sind.

Gegenüber solchen aus Schutzgründen erbauten Höhlenlabyrinthen und befestigten Felsarchitekturen, die sich ebenso in China, Nord- und Südamerika oder Afrika finden, unterscheidet sich Architektur aus natürlichen, vergänglichen Baustoffen grundsätzlich – auch wenn hier zunächst der Umstand der Ausnutzung der Natur eine Analogie bildet. Lehmarchitektur etwa ist deutlicher Indikator für das Fehlen anderer, haltbarer Baustoffe, bleibt aber im Hinblick auf die Baukunst nicht hinter der jeweils zeitgleichen Stein- oder Holzbauweise in anderen Regionen zurück. Ein Gesamtkunstwerk aus Lehm ist die Altstadt von Sanaa im Jemen (43); die verwinkelten Straßenzüge sind gesäumt mit bis zu sechsstöckigen, nach außen hin

[40] Felsengrab von Petra in Jordanien, 1. Jh. n. Chr. Die gewaltige, zweistöckige Relief-Fassade steht in der Tradition hellenistisch-griechischer Grabbauten.

[41] Lehmarchitektur der Dogon im Arou-Gebiet von Mali.

aufwendig dekorierten (43), im Inneren gut bewohnbaren und vor allem gut klimatisierten Lehmhäusern – Bauten, die jedoch ständiger Pflege und Reparaturen bedürfen. Kaum minder kunstvoll, in den Siedlungen jedoch sehr viel weniger städtisch organisiert sind die Lehmbauten der Dogon im heutigen Mali (41, 42) – phantasievolle, oft mit Schilfmatten überdachte Konstruktionen, die bisweilen an

[42] Lehmarchitektur der Dogon in Mali: Das vielräumige Gemeinschaftshaus der Großfamilie Gindou zeigt im Querschnitt eine funktional durchdachte, strukturierte Mehrstöckigkeit.

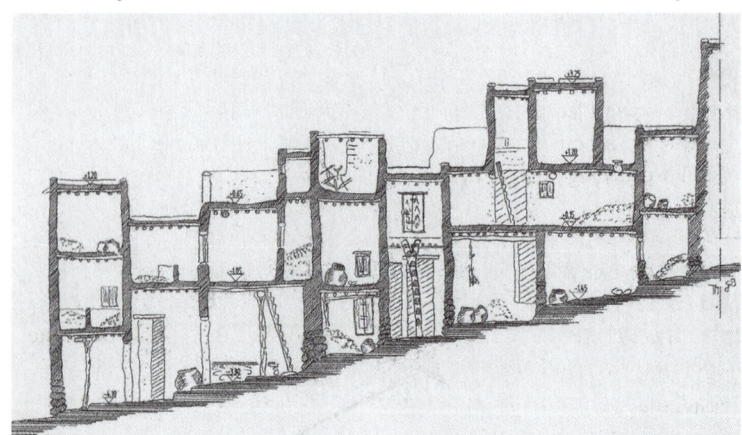

[43] Lehmarchitektur in Sanaa mit prachtvoller Ornamentik

einen architektonischen Expressionismus im Stile eines Gaudí oder Hundertwasser (vgl. Abb. 135, 148) erinnern. Es sind Sippenhäuser, in denen Großfamilien mit bis zu 50 Personen leben und in denen Wohnen und Wirtschaften gleichrangig nebeneinander stehen. Ihre meist gerundeten Grundrisse mit wabenförmig aneinandergereihten Räumen ähneln Wespennestern, zeigen im Querschnitt jedoch eine beeindruckend konsequent umgesetzte, bis zu dreistöckige Baustruktur (42).

Ganz ähnlich nutzen Indianer im Amazonasgebiet für ihre Laub- und Holzhütten sowie verschiedene afrikanische Ethnien bei ihren Strohbauten die vorhandenen natürlichen Resourcen und machen das Fehlen eines für dauerhafte Architekturen geeigneten Baustoffes wett. Die oft riesigen, dafür in relativ geringer Zahl meist um einen Platz herum gruppierten Langbauten spiegeln in Benutzung und Bewohnung stets die sozialen Verhältnisse wider. Je nach Sitte können solche Langbauten einzelnen Sippenverbänden oder aber verschiedenen, hierarchisch voneinander unterschiedenen sozialen Gruppen zugewiesen sein. Diesen »Ur-Hütten« in vergänglichem Material und in gesellschaftlich-sozialer Nutzung durchaus vergleichbar sind schließlich die Iglubauten der Alaska- und Grönlandinuit – auch sie bilden labyrinthisch aneinandergefügte Konglomerate von z. T. riesigen Ausmaßen, dienen Großfamilien oder gesellschaftlichen Gruppen als Behausung.

3. Jh. n. Chr.
Christenverfolgungen im Römischen Reich erreichen unter »Soldatenkaisern«, besonders Diokletian, ihren Höhepunkt

312
Sieg Konstantins an der Milvischen Brücke; Übertritt Konstantins zum Christentum

325
Konzil von Nikaia; das Christentum wird zur Staatsreligion

330
Kontantinopel wird neue Hauptstadt des Römischen Reiches (»Nea Roma« = neues Rom)

361–363
Julian Apostata (»der Abtrünnige«) versucht eine Reinstitutionalisierung des Heidentums

379–395
Theodosius d. Gr.; nach seinem Tod zerfällt das Reich in einen West- und einen Ostteil

391/392
Verbot heidnischer Gottesdienste; Schließung und Plünderung aller heidnischen Tempel und Heiligtümer; blutige Heidenpogrome

[44] Prototyp der frühchristlichen Basilika: Agios Dimitrios in Thessaloniki (Grundriß und rekonstruierter Aufriß der fünfschiffigen Anlage mit Vorraum [Narthex], Apsis und Querschiff). Der Bau aus dem 5. Jh. ist mehrfach restauriert und auch zur Moschee verwandelt worden. Die Restaurierungen des 20. Jh. orientieren sich am ursprünglichen Baugedanken.

Die Grundformen frühchristlichen Kirchenbaus: Basilika und Zentralbau

Die frühesten christlichen Kirchen, die im 4. Jh. n. Chr. in der Ära des zum Christentum konvertierten Kaisers Konstantin erbaut wurden, bedienten sich der architektonischen Form der Basilika, einer langrechteckigen, meist dreischiffigen, im Mittelschiff zweistöckigen und von hier aus mittels Fenstern beleuchteten Halle mit Eingang, Vorraum (Narthex) und Eingangshof (Atrium) an der Querseite sowie einer Apsis mit Chor an der dem Eingang gegenüberliegenden Seite (44). Dieser Bautyp hat in der antik-römischen Architekturgeschichte eine lange, funktional jedoch sehr heterogene und deshalb eigentlich nur schwer mit christlichem Kult in Verbindung zu bringende Tradition. Die Basilika ist zunächst ein Bau für Markt, Händler und Juristen, in den römischen Städten am Forum gelegen,

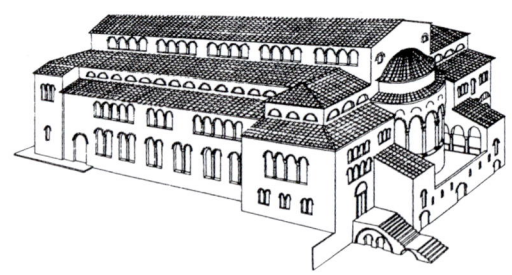

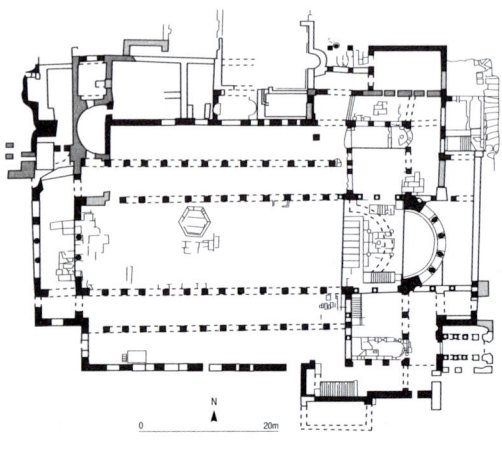

N ↑

0   20m

dort gewissermaßen ein architektonischer Annex einer
Platzanlage und meist mit einem Eingang an der Langseite versehen. Die Herkunft des Typus ist umstritten;
die frühesten Basiliken in Rom waren die nach ihren
Stiftern benannten Basilika Porcia und Basilika Opimia
(2. Jh. v. Chr.) am Forum Romanum.

Seit etwa 100 n. Chr. findet sich der Typus der Basilika zunehmend, in der Spätantike dann fast regelmäßig
auch im repräsentativen Villen- und Palastbau. Hier
diente der langgestreckte, mehrschiffige und auf eine
Apsis hin orientierte Baukörper als Thron- bzw. Repräsentationssaal, als »Aula Regia« des Herrschers bzw.
des Domänen-Patrons. Inwieweit zwischen der frühchristlichen Basilika und diesen profanen bzw. paganen
Baukontexten Beziehungen bestanden haben, ist umstritten; sicher ist jedoch, daß ein Bau wie die zunächst
als Aula Regia des Konstantinpalastes konzipierte Basilika in Trier noch im 4. Jh. in eine christliche Kirche
umgewandelt worden ist. Besonders im Westen, also
in Italien, wurde die Basilika schon früh mit einem
Querschiff vor der Apsis bzw. dem Chor kombiniert,
so daß sich im Grundriß der Bauten die Form eines
Kreuzes und damit eine unverkennbar christliche
Symbolik ergab.

Neben den zahlreichen, heute zerstörten Basiliken
in frühchristlichen »Kirchenstädten« (vgl. S. 44) haben
sich, besonders in Rom (u. a. San Giovanni in Laterano,
4. Jh.; Santa Sabina, 5. Jh.) und Thessaloniki (Agios-
Dimitrios- und Acheiropitosbasilika, beide 5. Jh.) viele
frühe Bauten – wenn auch in vielfach restaurierter und
veränderter Form – bis heute erhalten. Häufig waren
sie ursprünglich Märtyrerkirchen, erhoben sich über
dem Grab eines zum Heiligen erkorenen Märtyrers und
lagen deshalb im Bereich der antiken Nekropolen, also
außerhalb der einstigen Zentren der antiken Städte
(und wurden auf diese Weise dennoch zugleich nicht
selten zu Mittelpunkten christlich-nachantiker Neu-
ansiedlungen).

Eine markante Wandlung im Kirchenbau vollzog
sich im späten 5. und im 6. Jh. durch die Entwicklung

402
Weströmischer Hof zieht
nach Ravenna
482–511
Entstehung des Franken-
reiches unter der Re-
gentschaft Chlodwigs
526
Tod des Theoderich in
Ravenna
527–567
Regentschaft Justinians;
Versuch einer Wiederver-
einigung der Reichshälf-
ten scheitert; Konsoli-
dierung des Byzantini-
schen Reiches
730
Beginn des Bildersturms
(Ikonoklasmus) nach
inneren Wirren um die
Frage der Bildervereh-
rung im religiösen Zere-
moniell. Wiederherstel-
lung der Bilderverehrung
und feierliches Ende des
Bilderstreits im Jahr 843
9./10. Jh.
Byzantinisierung Bulga-
riens und erster Teile
Rußlands
1054
Endgültige Kirchentren-
nung zwischen Ost und
West (Schisma)
1186
Abfall Bulgariens von
Byzanz; Ende der byzan-
tinischen Großmacht-
ambitionen
1195
Byzanz wird dem deut-
schen Kaiser Heinrich VI.
tributpflichtig
1204
Einnahme und Plünde-
rung Konstantinopels im
4. Kreuzzug durch vene-
zianische Truppen
1453
Mehmet II. erobert Kon-
stantinopel; Ende des
Byzantinischen Reiches

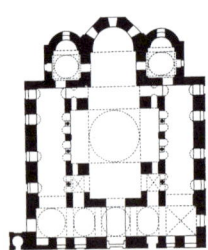

[45] Die Kirche Hagia Sophia in Thessaloniki, im 8. Jh. erbaut, ist ein frühes Beispiel für einen mehrräumigen Zentralbau. Bei dem fast quadratischen, auf ein überkuppeltes Zentrum hin bezogenen Grundriß machen nur die drei Apsiden die kultisch-zeremonielle Ausrichtung des Gebäudes deutlich.

[46] Panhagia Parigoritissa in Arta (Westgriechenland), spätes 13. Jh. Bauschema der Kirche

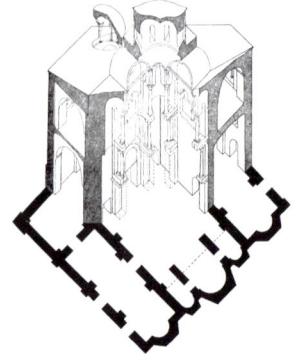

des Zentralbaus. Darunter versteht man einen Grundrißtypus, der im Gegensatz zur langrechteckigen Basilika annähernd gleich lange Hauptachsen aufweist und auf diese Weise auf seinen eigenen Mittelpunkt zentriert ist. Auch diese Bauform hat eine lange antikrömische Geschichte; berühmtester Zentralbau des antiken Rom war das im 2. Jh. n. Chr. neugebaute Pantheon, ein Rundbau mit einer über 40 m durchmessenden Kuppel. Ebenfalls meist Rundbauten waren die sehr zahlreichen spätantiken Mausoleen – Bauten für Bestattungen, die jedoch meist schon im 5. oder 6. Jh. in Kirchen umgewandelt wurden (z. B. die Georgs-Rotunde, einst das Mausoleum im Galerius-Palast von Thessaloniki). Aber auch quadratische, polygonale (Mausoleum im Diokletianspalast von Split) oder kreuzförmige Grundrisse können als Zentralbau ausgebildet werden. Der Zentralbau entwickelte sich aus dem Basilika-Typus: entweder durch die Verschränkung zweier Basiliken zu einem gleichschenkligen, auf einen Mittelpunkt hin orientierten Kreuz (Ravenna, San Vitale; Konstantinopel, Apostelkirche), oder aber in der Kombination von Langhalle und Kuppelbau, wie etwa an der Istanbuler Hagia Sophia. Der Typus des Zentralbaus findet zunächst überwiegend in einräumiger Form, etwa bei Taufkirchen (Baptisterien), Verwendung (Konstantinopel, Hagia Eirene), ab dem 8. Jh. jedoch dann zunehmend auch für mehrräumige Haupt- und Gemeindekirchen (45). Der Bautyp wird in mittel- und spätbyzantinischer Zeit dann im Vergleich zur Basilika vorherrschend.

Ein kurioser, kunstgeschichtlich wegen seiner Verschmelzung lateinisch-westlicher und byzantinisch-östlicher Bauformen höchst bedeutender Zentralbau ist die Kirche Panhagia Parigoritissa in Arta (Westgriechenland). Der in seinem Äußeren an einen rustizierten venezianischen Palazzo erinnernde, im Grundriß nahezu exakt quadratische, um 1290 entstandene Bau (46, 47) besitzt eine hochstrebende, aus antiken Spo-

liensäulen konstruierte
Mittelkuppel, die ein
Pantokrator-Mosaik
ziert – eine einmalig-
kühne Konstruktion,
die durch verschiede-
ne Dachlaternen über-
dies effektvoll be-
leuchtet wird. Weitere
berühmte byzantini-
sche Zentralbauten
sind die Klosterkir-

[47]   Blick in die aus
Spoliensäulen konstru-
ierte Kuppel und auf das
Pantokrator-Mosaik der
Kirche Panhagia Pari-
goritissa in Arta (West-
griechenland), spätes
13. Jh.

chen von Daphni und Hosios Loukas in Griechenland.
Regelrecht ausstellungshaft arrangierte Versammlungen verschiedenster Zentralbaulösungen (in meist klei-
nem Format) finden sich in den über 70 mittel- und
spätbyzantinischen Kirchen und Kirchlein der Stadt
Kastoria ebenso wie bei den Klöstern auf der Athos-
Halbinsel (Nordgriechenland). Der Typus des Zentralbaus wird darüber hinaus im byzantinisch-orthodoxen
Einflußgebiet im Norden und Osten (Russland, Bulga-
rien, Serbien) zum Standard, bisweilen sogar – als
unmittelbarer politischer bzw. religionspolitischer
Reflex – im Westen (Venedig, Markusdom).

Bauen als Experiment – Die Hagia Sophia

Die Hagia Sophia, die Kirche der »Heiligen Weisheit«
in Istanbul, gilt nicht nur als der Prototyp des frühchristlichen überkuppelten Zentralbaus (vgl. S. 39)und
später dann als das Vorbild der an dieser Struktur des
Kirchenbaus orientierten Kuppelmoschee (vgl. S. 48ff.),
sondern sie ist darüber hinaus ein Bauwerk mit höchst
ereignisreicher Architekturgeschichte. Eine frühe Kirche, wohl eine Basilika, entstand hier unter dem römischen Kaiser Constantius II. um 360 n. Chr. Nach einem Brand (404) im Jahre 415 wiedererrichtet, wurde
diese Basilika im Nika-Aufstand des Jahres 532 vollständig zerstört.
    Kaiser Justinian (reg. 527–565) initiierte an der alten
Stelle persönlich den Neubau einer Kirche, die nun-

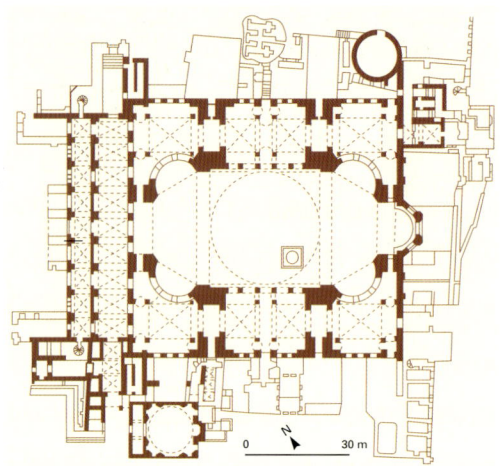

mehr – als »Krönungskirche« der oströmisch-byzantinischen Kaiser gedacht – alles bisher Gesehene in den Schatten stellen sollte. Zwischen 532 und 537 entstand ein erster Bau – ein gewaltig dimensionierter Baukörper, der den Typus der langgestreckten Basilika erstmals mit dem Konzept einer zentralen Kuppel verband. Überliefert sind die Namen der Architekten: Anthemios aus dem kleinasiatischen Tralles und Isidoros aus der ebenfalls kleinasiatischen Metropole Milet. Höhepunkt des Bauwerks war die kühn konstruierte Kuppel: Sie gründete sich auf vier massive, in den Fels des Baugrundes eingebettete Pfeiler und überspannte bei einer Scheitelhöhe von gut 56 m eine lichte Weite von etwas mehr als 30 m (was den Durchmesser der Kuppel des römischen Pantheon jedoch immer noch deutlich, nämlich um fast 14 m, unterschritt).

Der mit zeitgemäß anikonischem Mosaikschmuck dekorierte Bau wurde am 27. Dezember 537 im Beisein des Kaisers Justinian und der Kaiserin Theodora in einem prunkvollen Zeremoniell geweiht; ihm war jedoch kein glückliches Schicksal beschieden. Im Sommer des Jahres 558 stürzte die Kuppel ein, was vermutlich nicht, wie häufig angenommen wurde, an latenten Schäden lag, die der Bau bei einem schwachen Erdbeben des Jahres 557 genommen hatte. Vielmehr zeigt sich hier ein Phänomen bzw. eine Folge antiker wie auch mittelalterlicher Bautechnik. Statische Berechnungen, wie sie uns heute selbstverständlich erscheinen, waren weithin unbekannt. Technisch-konstruktive Grenzen wurden mit einem *trial-and-error*-Verfahren ausgelotet; in diesem Sinne erklären sich etwa auch die sehr zahl-

Der anikonische Mosaikschmuck der Hagia Sophia aus dem 6. Jh. n. Chr. deutet bereits auf den Bilderstreit hin, der mit dem im Jahr 730 erfolgten Bildersturm voll entbrannte. Bereits seit dem 4. Jh. n. Chr. wurde die Frage der Bilderverehrung von Kirchenvätern unterschiedlich und mit zunehmender Dogmatik beurteilt: Dafür traten u. a. Gregor von Nazianz und Johannes Chrysostomos ein, dagegen besonders Eusebios von Caesarea und Epiphanios von Salamis. Je nach lokaler Sichtweise wurden im 5.–7. Jh. Kirchen bildlich oder ornamental-anikonisch ausgeschmückt.

reichen Einstürze gotischer Kathedralen (vgl. S. 79). Nicht kalkulierte Berechnung, sondern allein praktischer Erfolg bestimmte, welches Gebäude »überlebte« und welches im Mißerfolg, also im Einsturz, endete – letzteres ein Ereignis, das sehr viel häufiger war, als heute allgemein angenommen wird, das jedoch nur bei spektakulären Vorfällen wie eben beim Einsturz der Hagia Sophia Aufmerksamkeit erregte.

Einsturzursache war vermutlich die im Querschnitt viel zu flach angelegte tellerförmige Kuppel. Darauf deutet jedenfalls der Neubau hin, der unter Isidoros dem Jüngeren, vermutlich dem Sohn des ersten Architekten Isidoros, zwischen 558 und 563 errichtet wurde. Die Kuppel mit einem Durchmesser von nun 33 m weicht in der Aufsicht markant von der Kreisform ab und zeigt ein um 7 m erhöhtes Profil über einer zusätzlich verstärkten Tragekonstruktion. Zwei Halbkuppeln stützen das Ganze in der Längsachse und verleihen der Konstruktion zusätzliche Stabilität. Weder von innen noch von außen sind diese Merkwürdigkeiten und Unregelmäßigkeiten optisch erfahrbar; was blieb, war ein insgesamt äußerst harmonisch geformtes Bauwerk. Der feierliche Neueinweihungsakt, wiederum im Beisein des Hofstaates, war Anlaß für den Dichter Paulos Silentiarios, eine Lobeshymne auf Justinian, seine Regentschaft und den prachtvoll geratenen neuen Kirchenbau zu verfassen – ein heute bedeutendes Dokument, das die ursprüngliche, durch zahllose Umbauten verlorene Innendekoration der Hagia Sophia in vielen Details beschreibt.

Am 29. Mai 1453, nach der Eroberung der Stadt Konstantinopel durch den Osmanen Mehmet II., wurde die Hagia Sophia zur Zentralmoschee der Stadt umgewidmet, etwas später dann um die heute so markanten vier Minarette ergänzt.

[48]   Linke Seite: Hagia Sophia, Grundriß des gesamten, nach dem Kuppeleinsturz des Jahres 558 umgebauten und renovierten Komplexes (558–563).

[49]   Neben der Kuppel war die aufsehenerregende, statisch ebenfalls nicht unproblematische Durchfensterung der Hagia Sophia eine architektonische Meisterleistung; der Innenraum präsentierte sich lichtdurchflutet.

Die nicht selten ideologisch-dogmatisch geprägte Frage nach einem Epochenwandel in frühchristlicher Zeit, die eine in diesem Zusammenhang vollzogene Abkehr von der heidnischen Antike und eine Hinwendung zu den abendländisch-christlichen Werten insinuiert, ist mehr als kompliziert und bedarf einer differenzierten Antwort. Trotz verschiedener Rückschläge, etwa durch das Neo-Heidentum des Julian Apostata (reg. 361–363), setzte sich seit Konstantin (reg. 324–337) das Christentum allmählich gegen die Götterwelt der Antike durch; radikale Christen wie etwa Theodosius (reg. 379–395) und auch Justinian (reg. 527–565) waren letztlich die Garanten dafür, daß am Ende des 5. Jh. der geistig-religiöse, aber auch fundamentale gesellschaftliche und ökonomische Wandel unumkehrbar wurde. Aus Sicht der Historiker ist hier also ein Prozeß zu konstatieren, weniger ein abrupter Bruch und damit auch kein Epochenwechsel im eigentlichen Sinn. Ein Blick auf die frühchristlichen Baudenkmäler relativiert diese Ansicht indessen nicht unerheblich. Zwar ist es mannigfach belegt, daß Antike und Christentum, etwa durch die recht häufige Umwandlung von Tempeln in Kirchen, kontinuierlich miteinander verwuchsen. Und dennoch gehört das eigentliche frühe Christentum mit seinen Baudenkmälern vielfach der Antike an, jedenfalls insofern, als zahlreiche einstmals prunkvolle Komplexe, beson-

ders auf griechischem Boden, zwischen dem 5. und 8. Jh. in Ruinen gefallen sind, nicht überdauert haben. Sie sind in diesem physischen, damit aber auch in einem musealen Sinne den heidnischen Heiligtümern wie Delphi oder Olympia gleichrangig, haben nichts mit dem heutigen, lebendigen Christentum zu tun. Die Relikte sind von kunsthistorischer, nicht sakralgeschichtlicher Bedeutung, die Orte von historischem, nicht aber gegenwärtigem Belang.

Das von Augustus 27 v. Chr. nach seinem Seesieg von Actium/Aktion in Nordwestgriechenland nahe dem Ort seines Triumphes gegründete Nikopolis (»Siegesstadt«) entwickelte sich im 6. Jh., in der Ära des oströmischen Kaisers Justinian, zu einem bedeutenden christlichen Zentrum. Zahlreiche prunkvoll mit Marmorverkleidungen und Mosaiken ausgestattete Basiliken, denen Bischofspaläste und verschiedene Taufhäuser (Baptisterien) beigegliedert waren, erhoben sich in dem gegenüber der alten Siedlungsfläche radikal verkleinerten, von einer neuen Mauer

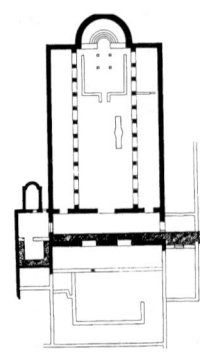

[50] Grundriß der Basilika A von Amphipolis in Nordgriechenland, 5. Jh. Der dreischiffigen Basilika vorgelagert ist ein Atrium, ein annähernd quadratischer, säulenumstandener Hof.

umschlossenen Stadtgebiet. Fast wie ein Kloster, nicht wie eine vitale Siedlung wirkte dieses knapp 400 x 400 m bemessene Gelände – eine regelrechte Kirchenstadt, in der sich christlich-sakrale Anlagen wie in einem Labyrinth miteinander verbanden. Im Zug der Völkerwanderungswirren im Frühmittelalter verfiel der Ort; das neue, nunmehr byzantinisch-kirchliche Zentrum der Region wurde das in der Nähe gelegene Arta, das antike Ambrakia, mit seinen berühmten, noch heute vielbesuchten Kirchenbauten (vgl. Abb. 40).

Ganz ähnlich ist der Befund in den nordgriechischen Städten Amphipolis (50) und Philippi; auch sie wandelten sich in der Spätantike von einstmals ansehnlichen Siedlungen zu palastartigen Kirchenstädten mit kleinodienhaften Kirchenbauten im Zentrum, die dann im späten 7. Jh. in Ruinen fielen. In Amphipolis erhoben sich seit dem 5. Jh. fünf dicht beieinander erbaute, ja zum Teil miteinander baulich verbundene Basiliken von erheblichen Ausmaßen; die Kirchenbauten waren mit Mosaiken, Reliefs und marmornen Wandverkleidungen reich dekoriert. Philippi, als Ort des Christentums bekannt durch den Besuch des Apostels Paulus im Jahre 49 n. Chr., besaß weitläufige Basilikabauten, die um 500 entstanden und zum Teil mit einem riesigen Bischofspalast verbunden waren – weltlicher Prunk in christlich-kirchlichem Kontext. Die Ruinen der Basilika B (51) vermitteln noch

heute eine Vorstellung von Größe und Schmuckreichtum solcher spätantiken Kirchenbauten. Zahlreiche weitere, im 7./8. Jh. zerstörte spätantike christliche Kirchenstädte sind auf der südlichen Balkanhalbinsel bekannt; erwähnt seien Nea Anchialos, das in der Spätantike an neuem Ort wieder aufgebaute »phtiotische« Theben am Golf von Volos in Mittelgriechenland und die spätantike Siedlung nahe Stobi im heutigen Mazedonien – Städte mit vielen Basiliken, Baptisterien und Bischofspalästen, aber ohne eine bis heute durchgängige Siedlungstradition.

[51]   Die Ruine der Basilika B in Philippi, 6. Jh. Vom einstigen Glanz der Säulenarkaden aus farbigem Marmor mit ihren reich ziselierten Kapitellen im Innern der Kirche kann man sich heute noch vor Ort eine gute Vorstellung machen.

Die traditionelle Kunst- und Architekturgeschichte versteht unter byzantinischer Architektur fast ausschließlich den Kirchenbau. Diese Verengung der Perspektive ist fachhistorisch bedingt: Allein den Kirchen konnten als Bauten wie auch als Trägern von Mosaiken oder Fresken künstlerische Bedeutung zugemessen werden; der architektonische »Rest« der byzantinischen Kultur war in den Augen humanistisch gesonnener Archäologen und Kunsthistoriker kaum mehr als ein massiver »Störfaktor«, der vor allem die antiken Orte vermeintlich plan- und regellos überbaut hatte. Bis in die 1960er Jahre war es daher bei Ausgrabungen üblich, das Byzantinische mehr oder weniger undokumentiert abzubrechen.

[52] Die byzantinische Stadtmauer von Konstantinopel. Zeichnerische Rekonstruktion des Archäologen F. Krischen

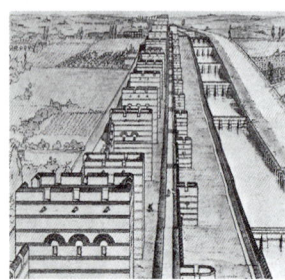

Byzantinischer Wehr- und Siedlungsbau

Von der Metropole Byzanz, dem heutigen Istanbul, sind jenseits der in Moscheen verwandelten Kirchen nur wenige authentische Baureste erhalten. Dies hat auch ereignisgeschichtliche Gründe, denn der vor Reichtum strotzende Ort, im Mittelalter die vielleicht größte und wohlhabendste Stadt der Welt, wurde unter Führung von venezianischen Truppen während des 4. Kreuzzuges im Jahr 1204 belagert, erobert und dann in brutalster Weise in einer mehrtägigen Orgie marodierender Söldner geplündert und niedergebrannt.

Byzantinischer Siedlungsbau, allem voran derjenige der Hauptstadt des Reiches, bildete in gewisser Hinsicht eine Fortsetzung antik-römischer Architekturphänomene – pragmatische und technische Aspekte standen gegenüber einer »baukünstlerischen« Dimension im Vordergrund. Ein wahres Wunderwerk des Militärbaus war die Stadtmauer von Byzanz bzw. Konstantinopel (52): eine Kette von zurückgezogenen Verteidigungstürmen, der eine massive Mauer mit risalitförmigen kleinen Bastionen sowie ein breiter Wassergraben vorgelagert war. Sogar die Häfen der Stadt waren mit massiven Ketten abzuriegeln, die gegen unliebsamen Besuch von der See schützten. Aufwendige Wasserleitungen und Brunnensysteme, die die gesamte Stadt überzogen, bezeugten eine unmittelbare Fortsetzung technischer Errungenschaften des Imperium Romanum ebenso wie bauliche Prunkentfaltung durch plastisch verzierte Bauglieder wie Kapitelle und Säulenbasen oder marmorverkleidete Wände, aber auch mannigfache Ornamentierungen der Außenmauern (53).

Einen guten Eindruck geschlossener byzantinischer Siedlungsarchitektur bieten die Ruinen von Mistra nahe Sparta in Griechenland. Seit dem frühen 14. Jh. war Mistra das byzantinische Zentrum der Peloponnes, gewissermaßen Hauptstadt, fürstliche Residenz und Klosteranlage in einem. Berühmt war vor allem die hier ansässige Seidenindustrie. Das weitläufige, an einem Hang in gut zu verteidigender Position gelegene Stadtgebiet war von zahlreichen, sich den Hang emporschlängelnden engen, häusergesäumten Gassen durchzogen und wurde von einer massiv ummauerten, von fränkischen Desperados im 13. Jh. gegründeten, von den Byzantinern dann übernommenen Burg überragt. Im 15. Jh. von Osmanen, später verschiedentlich von westlich-lateinischen Truppen erobert, fiel Mistra im griechischen Befreiungskampf zu Beginn des 19. Jh. endgültig in Ruinen. Gut erhalten haben sich auch hier allein die Kirchen und Klöster mit ihrem museal-denkmalhaften Charakter, kaum jedoch die Elemente der Wohn- und Befestigungsarchitektur. Eine Ausnahme ist der auf halber Anhöhe gelegene Palast (54), dessen Architektur sich nahezu vollständig rekonstruieren läßt und der heute als bestbekannter Vertreter byzantinischer Palastarchitektur gilt.

[53]   Byzantinischer Baudekor: Detail von der Außenseite der Chor-Apsis des Pantanassa-Klosters in Mistra (Griechenland), frühes 15. Jh.

Ein besonders in Griechenland weithin sichtbares Kennzeichen byzantinischer Präsenz ist die meist im Frühmittelalter begründete und erbaute Burg, errichtet über antiken Ruinen. Viele Städte, besonders in West- und Mittelgriechenland, waren in den unruhigen Zeiten des 3. und 2. Jh. v. Chr. auf gut zu verteidigenden Anhöhen und Bergkuppen neu gegründet oder hierher verlagert worden. Kastelle und Burgen der Byzantiner nutzten diese Lagen ebenfalls und profitierten dabei von der antiken Bausubstanz. Wie Zahnkronen erhoben sich im 8., 9. oder 10. Jh. festungsartige Kastelle auf den antiken Ruinen – baulich wie aufeinandergeschmiegt, durch die sehr unterschiedlichen Mauertechniken jedoch auch für das ungeübte Auge immer klar voneinander zu unterscheiden: Die Basis bildet ein stabiles, antik-griechisches Mauerwerk aus massiven, isodom oder polygonal gefügten Steinquadern; darauf erhebt sich – in schlichter, aber schnell zu erbauender Bruchsteintechnik – die byzantinische Struktur.

[54]   Der Despoten-Palast von Mistra in Griechenland. Rekonstruktion des Thronsaal-Flügels mit seiner Loggia im Untergeschoß.

Die Moschee: Ein Bautyp mit Vorgeschichte

Als drittes kulturelles Subsystem entstand, neben dem lateinisch-päpstlichen Westen und dem byzantinisch-orthodoxen Osten in der Nachfolge der Klassischen Antike im frühen 7. Jh. der Islam – eine monotheistische Religion mit einem Religionsstifter (Mohammed), die zunächst im wesentlichen auf die Arabische Halbinsel (Mekka, Medina) beschränkt blieb, seit dem 8. Jh. dann jedoch stark expandierte. Hinsichtlich der Architektur dieser islamischen Kultur dominierte, wie auch in den beiden frühchristlichen Einflußsphären, zunächst der Sakralbau – hier in Gestalt der Moschee.

Die Kultbedürfnisse des Islam waren zunächst recht einfach, die Gestalt der Moscheen deshalb sehr unterschiedlich, ebenso ihre Nutzung: Moscheen dienten auch profan-gesellschaftlichen Versammlungen. Gemeinsam waren allen Bauten ein Gebetsraum, der in seiner Längsachse nach Mekka hin orientiert war. Gegenüber dem Eingang befand sich, exakt auf Mekka hin ausgerichtet, die apsidenförmige Gebetsnische (Mihrab). Rechts daneben erhob sich die Kanzel (Minbar; Mirbar), unverzichtbar war ferner ein zunächst eher klobiges (55), später dann zunehmend schlankes, lanzenförmiges Minarett, von dem aus der Muezzin zum Gebet rief. In ihrem baulichen Grundmuster ähnelt die Moschee den frühchristlichen Kirchen (vgl. S. 38): Immer findet sich in axialer Ausrichtung ein Hauptgebäude, dem ein umsäumter Hof mit prachtvollem Zugangsportal vorgelagert ist. Innerhalb dieses gemeinsamen Konzepts gibt es jedoch bedeutende regionale Unterschiede. In den arabisch-nordafrikanischen Ländern, später auch in den von hier aus eroberten europäischen Regionen dominiert ein flachgedeckter, fast basilikal-mehrschiffig gestalteter Gebetsraum mit langrechteckigem Hof davor. In zentralasiatischen Moscheen, aber auch bei denen des indischen Subkontinents wird der Hof zum Mittelpunkt der Anlage, der Gebetsraum demgegenüber zu einem größenmäßig stark reduzierten Annex. Hier finden sich überwiegend quadratische oder sogar querrechteckige Grundrißkonzepte. Im Grundriß ähnlich konzipiert, jedoch mit sehr viel größerem Gebetsraum, treten die Moscheen Westafrikas und der Sahelzone in Erscheinung; hier wie in Zentralasien dominiert jenseits des eigentlichen Baukonzepts ein hinsichtlich der Detailformen, der Ornamentik und der Baumaterialien erkennbar regionaler Gestaltungsstil. Besonders die Pavillon- und Stufendach-Moscheen Chinas und Südostasiens (**56**) fügen sich harmonisch in die Architektur lokal üblicher Kult- und Sakralanlagen des Buddhismus ein (und sind des öfteren als Moschee nur noch an dem beigegebenen Minarett erkennbar).

Der Typus der großen Kuppelanlage, der heute jedem Türkeibesucher als bauliche Norm für den »Typus Moschee« vor Augen steht, ist gegenüber den geschilderten Konzepten jüngeren Datums und in seinen Strukturen in besonderem Maße dem Grundmuster der byzantinischen Kirche verwandt. Der Typus beschränkt sich weitestgehend auf Kleinasien und Anatolien, ist dabei vermutlich von der im 15. Jh. zur Moschee umgewandelten und dann baulich erheblich erweiterten Hagia Sophia in Istanbul inspiriert. Klassisches Beispiel ist die »Blaue Moschee« in Istanbul (**57**) mit ihrem Meer von Kuppeln und den sechs weithin sichtbaren schlanken Minaretten. Die Architektur des frühen 17. Jh. besteht aus einem fast quadratischen, überkuppelten Zentralbau und einem ebenfalls quadratischen, in den Grundrißdimensionen dem Geviert des Zentralbaus nahezu identischen Arkadenhof. Die weite, raumüberspannende Kuppel ist indessen im Moscheenbau bereits früh gegenwärtig und verbindet die islamische Architektur gleichermaßen wie die Baukunst des Juden- und Christentums mit der römischen Antike (im stadtrömischen Pantheon hat, im 2. Jh. n. Chr., das Prinzip der Kuppelbaus ebenso wie die damit verbundene Symbolik einer kosmisch-allumfassenden Himmelsmetaphorik ihren Anfang genommen).

[55] Spiral-Minarett der Moschee von Samarra (Irak), Mitte 9. Jh.: optisch herausragender Teil der damals größten Moschee der islamischen Welt. Über 100 000 Gläubige fanden hier Platz. Der Turm erhebt sich 55 m über die Ebene, unterscheidet sich dabei markant von den schlanken, nadelförmigen Minaretten späterer Zeit.

[56] Südostasiatische Moschee: Skizze des Baukonzepts. Das Stufendach des zentralen Baukörpers erinnert an eine Pagode; allein der etwas isoliert stehende Turm (Minarett) macht die Funktion des Baukörpers als Moschee ersichtlich.

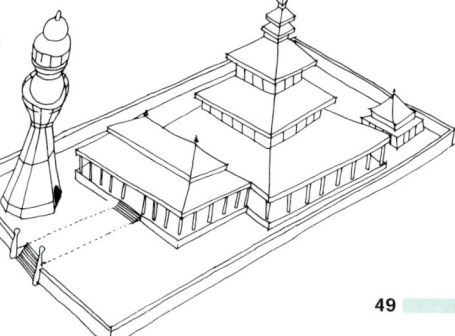

[57] Die »Blaue Moschee« in Istanbul, erbaut von Sedefkar Mehmet Aga im Auftrag des Sultans Ahmet, um 1610. Ihren Namen erhielt der Bau wegen seiner blaugefärbten Schablonenmalerei und den ebenfalls blauen Kalligraphien im Innern.

Ältester überkuppelter Zentralbau des Islam ist der Felsendom in Jerusalem aus dem späten 7. Jh. (58).

Moscheen waren reich in farbigem Dekor gefaßt – innen wie außen. Die Farbenpracht des Felsendoms mit seiner goldglänzenden Kuppel und dem weißblauen Unterbau, der kleinteilig in verschiedensten Techniken ausgeführten Ornamentierung ist keineswegs exeptionell. Besonders im Inneren erweist sich das, was dem »Ungläubigen« häufig als besonders gelungenes Ornament erscheint, indessen als sehr viel mehr: Kalligraphisch gemalte Koran-Suren können Teile des Bau-Inneren derart massiv und bildnerisch überziehen, daß dem Schriftunkundigen das Ganze als raffinierter Dekor, nicht aber als im Ritus verwendeter Kulttext erscheint.

Auch in der Gegenwart ist der Neubau von Moscheen eine vitale Architekturaufgabe in praktisch allen islamischen Nationen. Zahlreiche spektakuläre Moscheen sind im 20. Jh. entstanden, darunter nur wenige, wie etwa die 1982 fertiggestellte Bhong-Moschee in der pakistanischen Provinz Punjab, in geschmäcklerisch-historisierendem Stil. Der Prototyp der modernen Moschee gelang dem Iran ausgerechnet in der religiös konservativsten, schiitisch-fundamentalistischsten Phase seiner Geschichte: Die al-Ghadir-Moschee in Teheran gilt heute als das wichtigste Monument moderner islamischer Architektur.

Sinan – Hofarchitekt Süleymans des Prächtigen

Der vermutlich im Jahr 1497 in Kappadokien gebürtige, als nichttürkischer Christ 1512 gewaltsam in den Janitscharendienst gezwungene und islamisierte Sinan machte im Elitekorps Sultan Süleymans des

Prächtigen eine ungewöhnlich steile Karriere, die
ihn zum prominentesten Architekten der islamischen
Architekturgeschichte werden lassen sollte. Als Zim-
mermann ausgebildet, war Sinan seit 1520 bei den
Feldzügen des Sultans als Ingenieur und Architekt
tätig. Seine genial-einfachen, blitzschnell realisier-
baren militärischen Bauten für Belagerung und Verteidigung, vor allem aber sein Erfindungsreichtum
bei der Konstruktion neuer Geräte und Werkzeuge
hoben ihn aus der anonymen Masse islamischer
Architekten und Ingenieure alsbald heraus. Noch
während seiner Militärzeit erhielt Sinan im Jahr 1530
erste Aufträge für Sakralarchitekturen. 1538 aus dem
Dienst entlassen, wirkte er bis zu seinem Tod 1588
als Verantwortlicher für öffentliches und religiöses
Bauwesen am Hofe des Sultans in Istanbul.

Ein nach seinem Tod von fremder Hand verfaßter, in
einigen Zügen märchenhaft ausgeschmückter Bericht
über die Taten des Sinan listet 477 Bauten auf, die unter
seiner Leitung entstanden sein sollen: darunter 157 Moscheen, 74 Medresen (Koranschulen), 56 Badehäuser,
45 prunkvolle Grabbauten, 38 Paläste, 31 Karawansereien,
ferner Hospitäler, Bibliotheken, Brücken und diverse
Infrastrukturbauten, darunter die Neustrukturierung der
Wasserversorung für Istanbul. Architekturgeschichtlich
wird Sinan jedoch in erster Linie mit einer umfassenden
Modernisierung des Moscheenbaus verbunden. Ziel
war hier eine Optimierung der Bauästhetik, ein Übertreffen alles bisher Dage-
wesenen. Sinans Haupt-
augenmerk galt der Kup-
pelarchitektur und damit
dem Konzept der Kuppel-
moschee, wie es im 14. Jh.
im Osmanischen Reich
verbindlich geworden war.
So war die gewaltige Kup-
pel der Hagia Sophia in
Istanbul, ein Bau aus dem
7. Jh., für Sinan zwar

[58] Schnittpunkt der
Kulturen und eines der
frühesten Monumente
des Islam: der Felsen-
dom, ein reich dekorier-
tes, überkuppeltes Okto-
gon in Jerusalem – be-
gründet unter Kalif Abd
al-Malik um 690.

immer Vergleichs- und Anknüpfungspunkt, aber niemals ging es darum, diesen Bau, diese Kuppel allein an Größe zu übertreffen, sondern vielmehr darum, optimale Resultate ständig zu variieren. Als optimal wurden hier ideale, akribisch berechnete Proportionen, ästhetisch befriedigende Arrangements verschieden dimensionierter Kuppelräume um ein Zentrum herum und auch die harmonische Verbindung von Außen- und Innenansichten verstanden. Eben dieses Verständnis von einem Optimum ist auch der Grund für die große Zahl einander auf den ersten Blick zum Verwechseln ähnlicher, niemals aber wirklich identischer Moscheenbauten, die Sinan errichten ließ.

Von den 477 literarisch überlieferten Sinan-Bauten sind die meisten nicht mehr erhalten. Sinan selbst hat in den 1580er Jahren rückblickend drei seiner Werke als besonders bedeutend herausgehoben. Als sein »Lehrstück« bezeichnete er die 1542–48 in Istanbul errichtete Prinzenmoschee, ein hoher, von zwei Minaretten flankierter Zentralbau mit einem den Kern umgebenden Meer von kleinen Kuppelräumen, das das spätere Konzept der Blauen Moschee (57) bis in Details vorwegnahm. Als »Gesellenstück« galt ihm die ebenfalls in Istanbul erbaute, von Sultan Süleyman gestiftete Moschee (Süleymaniye, 1550–57) mit ihrem gewaltigen, an der Hagia Sophia orientierten zentralen Kuppelraum; als besonders wichtig galt hier der räumliche Eindruck im Innern (59). Zum wirklichen Meisterwerk geriet ihm schließlich die zwischen 1568 und 1574 in Edirne erbaute, reich ornamentierte Moschee für Sultan Selim II. (60).

[59] Der große, hell durchfensterte Kuppelraum der Süleyman-Moschee in Istanbul konkurriert mit dem Zentralraum der Hagia Sophia (vgl. Abb. 48, 49).

Der Islam in der Offensive: Alhambra und Taj Mahal

Die Expansion des Islam, die Entwicklung von einer arabischen Regionalkultur hin zu einer Weltkultur, vollzog sich unter der in Damaskus ansässigen Omajjaden-Dynastie (661–750). Wie ein Lauffeuer ver-

breiteten sich arabische Religion
und Lebensart zunächst in Nord-
afrika; von dort aus kam es – auf
Sizilien und auf der Iberischen
Halbinsel – zu Eroberungsversu-
chen sogar des zentraleuropäi-
schen Kontinents. Was auf Sizilien ein kurzes Intermezzo
blieb, wurde in Spanien vollendet: 711 n. Chr. begann, über die

Meerenge von Gibraltar, der »Sarazensturm« der
Iberischen Halbinsel. Für die nächsten 800 Jahre wurden weite Teile Südspaniens zu einer Bastion des Islam. Erst 1492 war die *reconquista*, die Rückeroberung
dieses wichtigen Teils des europäischen Festlandes
durch christliche Heere, endgültig erfolgreich.

[60] Die Moschee für
Sultan Selim II. in Edir-
ne. Sinan hatte hier nicht
nur bei der Gestaltung
der Architektur völlig
freie Hand, auch die Or-
namentierung geht auf
seine Konzeption zurück.

Mit dieser Expansion ging eine erhebliche Verbreite-
rung des islamischen Architekturkanons einher. Galt
zunächst dem Moscheenbau das herausragende Interesse, entwickelte sich unter den Omajjaden ein weites
Spektrum nicht nur sakraler, sondern auch profaner
Architektur: Medresen (Koranschulen), Residenzen und
Paläste, öffentliche Bauten wie Badehäuser, Infrastrukturbauten wie Straßen, Brücken oder Brunnenanlagen.
Charakteristisch, ja sprichwörtlich wurde der orientali-
sche Prunk und Luxus: Besonders herrscherliche Bauten waren mit farbenprächtigen, teils reliefierten, teils
applizierten Ornamenten überzogen, im Innern mit
hochwertigsten Materialien nicht minder opulent verziert und mit kostbarstem Interieur ausgestattet.

Prototyp der islamischen Palastarchitektur ist die
Alhambra bei Granada in Spanien (**61**). Der riesige
Komplex, fast eine kleine, wehrhaft ummauerte Stadt
und eigentlich weitaus mehr als nur ein singulärer
Palastbau, entstand zwischen 1238 und 1358 auf einer
niedrigen, aber gut zu verteidigenden Anhöhe. Kern
der Anlage war eine aufgelassene Burg des 11. Jh. In
der Alhambra residierten die Nasriden-Herrscher; von
herausragender Pracht und Bedeutung war die Herrschaft von Yussuf I. (1333–54).

Von der Struktur her erinnert die Alhambra an eine zum Schloß erweiterte mittelalterliche Burg (vgl. S. 73): Eine zinnenbewehrte, meterdicke Mauer umschließt den gesamten Komplex, der sich im Innern, entlang der Längsachse, in verschiedene Palastteile untergliedert. Hinter dem Eingang wird man zunächst durch zwei gartenartige Höfe geleitet, ehe der Besucher auf einen ersten, quergelagerten Bautrakt (für das Personal) stößt. Passiert man den engen Durchgang, erstreckt sich dahinter, ebenfalls quergelagert, ein weiterer großer Hof mit einem Wasserbecken im Zentrum und einem massiven Turmbau (»Saal der Gesandten«) an der Schmalseite. Daran schließt sich der eigentliche, nur über verschlungene Wege zugängliche Residenzbereich an: ein fast quadratischer, um einen Hof herum gruppierter Peristylkomplex mit Repräsentationssälen und Wohntrakten. Was die Alhambra von anderen spätmittelalterlichen Schloß- und Burganlagen europäischer Kulturen unterscheidet, ist ihr außergewöhnlicher Luxus, die Pracht ihrer Baulichkeiten. In einem eigentlich regenarmen Gebiet gelegen, ist dennoch das gesamte überbaute Areal mit wasserreichen Gartenanlagen durchsetzt. Die schlanken Säulengänge sind mit Spitzbögen und Stukkaturen überreich dekoriert; den zentralen Hof des Palastes schmückt ein kunstvoll skulptierter Brunnen, dessen Wasserbecken sich auf den Rücken von 16 Löwen erhebt.

Wie die Alhambra im Westen, so ist das Taj Mahal (**62**) die architektonische Ikone des Islam im Osten – ein architektonisches Wunder, fast wie einem Märchen aus Tausendundeiner Nacht entsprungen. Im Zug der islamischen Ostexpansion verschmolzen im 11. und 12. Jh. in Nordindien islamische Religionselemente mit der dort residierenden Moguldynastie. Unter Schah

[61] Die Alhambra bei Granada. Grundriß der Schloß- und Parkanlage

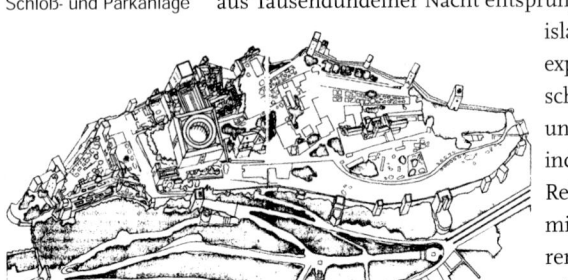

Dschahan (reg. 1628–58) entstand, als eine gewaltige
Grabanlage und in diesem Sinne auch als ein Monument seiner Herrschaft und der ökonomischen Potenz
seiner Dynastie, das Taj Mahal – am Südufer der
Dschumma nahe der Stadt Agra gelegen. In der weiten
Ebene erhebt sich der weiß strahlende Zentralbau in
unvergleichlicher Pracht als ein einmaliges Zeugnis ho-
mogener islamischer Architektur. Der Baukörper wird
von einer quadratischen, sockelartigen Umfriedung
konturiert, an deren vier Ecken schlanke Minarette po-
stiert sind. Der mit einer zwiebelförmigen, nur von außen sichtbaren, im Innern hingegen verblendeten Kuppel gekrönte Zentralbau ist von erneut vier oktogonalen
Türmchen umgeben; die Kuppel mißt im Durchmesser
28, in der Stichhöhe 65 m. Auf jeder der vier Seiten öff-
net sich ein ca. 20 m tiefer Langraum (*iwan*) mit einer
reich geschmückten Fassade. Im Inneren dominiert der
Grabsaal, der für Pilger zugänglich war. Geschickt werden durch bauliches Arrangement die Menschenmassen
hier kanalisiert und in einer Art Prozession am Monument des Grabinhabers vorbeigeführt.

Der Bau selbst ist nur ein kleiner Teil der parkähn-
lichen Gesamtanlage. Ein langrechteckiges Terrain ist
von einer Mauer umzogen; ein monumentales Eingangstor, dessen rötlicher Sandstein markant mit dem
weißen Marmor des Mausoleums kontrastiert, gewährt
Zugang zu einer fast in der Art eines Kreuzgangs gestalteten Parkanlage. Zwei sich kreuzende, streng axial
angelegte Wasserkanäle durchziehen diesen Garten
und führen auf das Mausoleum hin. Lediglich das hintere Viertel des Areals ist mit dem Mausoleum selbst
sowie zwei kleineren seitlichen Annexbauten (Moschee
und Ruhehaus) architektonisch gefaßt. Das Taj Mahal
war ursprünglich als Begräbnisstätte für die Frau des
Herrschers vorgesehen; Schah Dschahan plante für
sich selbst ein bauliches Pendant ganz in der Nähe, allerdings aus schwarzem Stein. Der 1658 von seinem
Sohn gestürzte Schah konnte dies indessen nicht mehr
realisieren; er wurde nach seinem Tode 1666 hier, im
Taj Mahal, neben seiner Lieblingsfrau bestattet.

[62] Das Taj Mahal,
errichtet zwischen 1630
und 1653. Der Bau,
dessen Architekt nicht
überliefert ist, bildet
stilistisch eine Mischung
aus indischer Mogul-
architektur, timuridischen
Mausoleen und persisch-
safawidischen Dekora-
tionselementen.

3. Jt. v. Chr.
Jungsteinzeitliche Kulturen in Nordchina (Huang-He-Becken)

2150–1750 v. Chr.
Blüte der Harappa-Kultur im Industal; städtische Siedlungen; Sigel mit Schriftzeichen; Metallverhüttung und Handel

seit 1500 v. Chr.
Bronzeverarbeitung in China

1100–250 v. Chr.
Shang-Dynastie in China (Ackerbau; Stadtkultur; Schrift)

1200–1000 v. Chr.
Altvedische Periode in Indien, erste Staatsbildung zwischen Indus und Ganges

seit 700 v. Chr.
Spätneolithische Großsiedlungen in Korea und Japan (Jōmon-Kultur)

um 600 v. Chr.
Laotse, Begründer des Taoismus, geboren

551–479 v. Chr.
Konfuzius

484 v. Chr.
Tod Gautama Buddhas

221–210 v. Chr.
Chinesische Mauer

ab 140 n. Chr.
Indo-skythisches Reich in Nordwestindien

um 320 n. Chr.
Großreich der Gupta-Dynastie in Indien; Blüte der Sanskrit-Literatur

seit 500 n. Chr.
Verbreitung des Buddhismus in Sri Lanka, Java, China, Japan und Südostasien

618–1278 n. Chr.
Tang- und Sung-Dynastie in China; Verbreitung der konfuzianischen Kultur; Buchdruck, Porzellan

Die Architektur der südost- und ostasiatischen Kulturen ist in hohem Maße heterogen, dabei geprägt von regionalen Besonderheiten ebenso wie von jeweils verschiedenen religiösen Praktiken der drei großen östlichen Religionen, dem Buddhismus, dem Hinduismus und dem Shintoismus. Es bedürfte eines eigenen Buches, die ganze Vielfalt und Verzweigung der damit zusammenhängenden Architektur vorzustellen. Da jedoch viele Überblicksbücher über Architektur diesen umfangreichen Komplex der Architekturgeschichte sogar gänzlich ignorieren und sich mit einer auf die westliche Welt zentrierten Perspektive begnügen, seien hier wenigstens einige Umrisse dieser Architektur dargestellt.

Klöster, Stupa und Pagode:
Die Sakralarchitektur des Buddhismus

Der Stupa ist die einfachste Form des Kultdenkmals im Buddhismus, ein zunächst aus Holz und Erde errichtetes Bauwerk, das zur Aufnahme von Reliquien bestimmt war. Der halbkugel-, später glockenförmige Bau über rundem Grundriß (**64**) wird zunächst als Grabhügel für bedeutende Personen verwendet, löst sich von dieser Funktion jedoch schon früh und wandelt sich zum reinen Kultbau. Der Stupa setzt sich aus einer massiven, bald in dauerhafter Form mit Stein verkleideten Halbkugel aus Erde zusammen (**63**). Aus ihr heraus erhebt sich ein Mast mit einer Reihe übereinanderliegender Schirme. Die ältesten Exemplare stammen aus dem 5.–3. Jh. v. Chr. Die Bauform verbreitet sich räumlich und zeitlich

[63] Der Stupa von Svayambhunath in Nepal gilt als älteste buddhistische Kultanlage der Region, ist jedoch im Laufe der Jahrhunderte derart oft erneuert worden, daß eine genaue Datierung nicht mehr möglich ist; er ist vermutlich im 5. Jh. n. Chr. entstanden.

analog der Ausdehnung des Buddhismus über das südostasiatische Festland nach Sri Lanka, Indonesien und Java, Korea und China. Sie erfährt dabei erhebliche regionale Abwandlungen, etwa in Gestalt pyramidenförmiger Bauten auf Java und Bali. Der bedeutendste Stupa des Buddhismus ist mit einer fast an einen umgekehrt aufgestellten Trichter erinnernden Silhouette die »Goldene Pagode«, die Shweda-Gon-Pagode in Rangun / Birma, begonnen 1372 an der Stelle eines Vorgängerbaus (der der Legende nach 588 v. Chr. über den Reliquien von acht Barthaaren Buddhas errichtet worden sein soll).

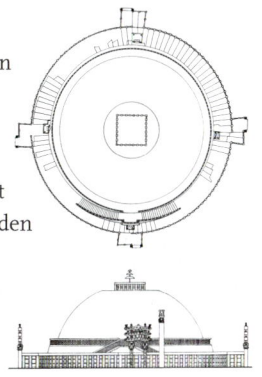

[64]   Der Stupa von Sanchi in Indien, 5. Jh. v. Chr. Grundriß und Rekonstruktion

Eine nicht minder weit verbreitete Variante des Stupa, die bald formale Eigenständigkeit erfuhr, ist die klassisch geformte und proportionierte Pagode, ein hochstrebender Stockwerksbau auf quadratischem oder polygonalem, selten auch rundem Grundriß (**65**). Der hoch aufragende Baukörper entstammt dem Muster der Stupa-Architektur, die kunstvoll gestalteten, vorschwingenden Dächer über jedem Geschoß sind hingegen dem sattelförmigen Walmdach der besonders in China heimischen Hallenbauten entlehnt – im Inneren ein-, nach Außen wegen eines eingezogenen Pultdachs zweistöckig wirkende Anlagen, die seit dem 2. Jh. n. Chr. als zentrale Kultbauten in Tempel- oder Heiligtumsbezirken dienten. Als Chinoiserie, als typisch chinesisch-östliches Architekturzitat, war die Bauform der Pagode, ihrer Kultfunktion beraubt, im 18. und 19. Jh. ein beliebtes Ausstattungsrequisit in Park- und Gartenanlagen europäischer Städte.

[65]   Der fünfstöckige Kumbheshvara-Tempel, ein Shiva-Heiligtum, in Lalitpur (Patan) im Kathmandu-Tal. 14. Jh., im 17 Jh. aufgestockt

Verschiedene gestuft-pyramidale Tempelformen des Buddhismus gelten ebenfalls als Varianten der Stupa-Architektur (z. B. in Thailand). Neben solchen unmittelbaren Kultbauten finden sich im buddhistischen Bereich zahlreiche Palast- und Klosterbauten, Gemeinschaftsbauten für Mönche, zugleich aber auch Wehr- und Repräsentationsstätten weltlich-politischer Macht. Zahlreiche Beipiele für buddhistische Kloster- und Palastanlagen mit ihrer charakteristischen Mehrstöckigkeit finden

sich in der unzugänglichen Bergwelt des Himalaya, etwa in Nepal oder Tibet, dort z. B. der im 17. Jh. unter dem 5. Dalai Lama erbaute Potala-Palast in Lhasa, eine Mischung aus Palast, Wehranlage und Kloster.

Angkor – Dschungelstadt in Kambodscha

Mit der Errichtung der Tempelstadt Angkor zu Beginn der Herrschaft des Königs Yasovaram I. (reg. 889–910) erreichte das Khmer-Reich seinen politischen Höhepunkt (**66**). 1431 von den Thai erobert und dann allmählich verlassen, versank die abseits aller modernen Wege etwa 230 km nordwestlich von Phnom Penh gelegene Stadt in der üppigen Vegetation des fernöstlichen Regenwaldes, wo sie im Zug der vom Kolonialismus motivierten Kartierung 1860 durch den Franzosen Henri Mouhot wiederentdeckt wurde.

Die neue Hauptstadt war ein höchst artifizielles Gebilde, durchgeplant bis in die baulichen Details. Sie war ursprünglich exakt quadratisch angelegt und symbolisierte die ganze Welt; in ihrer Mitte befand sich ein riesiger Tempelberg, eine Analogie zum Weltberg *Meru* aus der indisch-brahmanistischen Kosmologie. Grundlage der politischen und ökonomischen Macht der Stadt war ein gigantisches System von rechteckigen Stauseen, die als Bewässerungsanlagen für einen intensiven Reisanbau dienten. Hier waren drei Ernten im Jahr möglich, was den Bewohnern wie auch der hier residierenden Herrscherdynastie enormen Reichtum bescherte. Von dieser ökonomischen Situation sind die Baulichkeiten der Stadt bestimmt; besonders zahlreich scheinen Ruinen von Lagerbauten am Stadtrand zu sein, wobei die

[66] Die Khmer-Stadt Angkor im kambodschanischen Dschungel

funktionale Zuweisung nahezu aller Baustrukturen außerhalb des Stadtzentrums jedoch umstritten ist. Die
Stadt war heilig und beherbergte auf ihrem gesamten
Gebiet zahlreiche hinduistisch-brahmanische Tempel;
es ist deshalb ungewiß, ob hier überhaupt eine Bevölkerung in größerer Zahl gewohnt hat. Verschiedene An-
und Umbauten haben den einstmals symmetrischen
Charakter der Stadt verändert, besonders die um 1200
hinzugefügte Anlage von Angkor Thom, eine Art abgegrenzte »Stadt in der Stadt«.

[67] Figur aus dem
reich mit Reliefs und
Plastiken verzierten
Tempelmausoleum in
Angkor Wat, 12. Jh.

Bau- und kunsthistorischer Höhepunkt von Angkor
ist Angkor Wat (**67**) im Süden des Stadtzentrums. Es
handelt sich hierbei um ein Tempelmausoleum, erbaut
von König Surjawarman II. (reg. 1113–50). Der Bau, der
einerseits seinem Bauherrn Unsterblichkeit verleihen
sollte, andererseits eine Tempelstätte des im Brahmanismus höchst bedeutenden Vishnu-Kults war, erhebt
sich auf einem Rechteck, das von einem 200 m breiten, 1500 x 1300 m langen, heute verlandeten Wassergraben markiert ist. Der Zentralbau besteht aus einer
dreistufigen Pyramide, deren Stufen von Galerien mit
Ecktürmen umgeben sind und dessen Mitte von einem
fünften, extrem überhöhten Turm markiert wird. Der
Kernbau wird gerahmt von einer äußeren und einer
inneren, ebenfalls mit Ecktürmen besetzten Umfas-
sungsmauer. Ein breiter, schnurgerader Weg führt
durch ein Prachttor auf den Eingang hin. Der Komplex
ist überreich mit Bauplastik ausgestattet (**67**); von
herausragender Bedeutung ist der über 500 m lange,
kompliziert gestaffelte Figurenfries in Flachrelief, der
den Kernbau auf der Innenseite der Galerie umzieht.

Sakralarchitektur des Hinduismus und Shintoismus

Anders als der Buddhismus ist der Hinduismus nicht
mit einem Religionsstifter verbunden; diese im 2./1. Jh.
v. Chr. aus dem Brahmanismus entstandene Religion
versteht sich als endloses, absolutes Weltgesetz (*dhar-
ma*), das dem Individuum weitgehende Freiheiten in
der Ausgestaltung des Glaubens läßt. Die Konkretisie-
rung durch eine kaum überschaubare Vielzahl von Göt-

tern trägt dabei polytheistische Züge. Bis ins 12. Jh. konnte sich der Hinduismus auf dem indischen Subkontinent nur langsam gegen den Buddhismus durchsetzen, geriet dann aber zur beherrschenden Religion der Region (Indien, Pakistan, Sri Lanka) sowie einiger angrenzender Gebiete (Brahmanismus der Khmer-Kultur, s. S. 60). Kerne des Hinduismus sind Gebet und Opfer im Tempel, und so sind Tempelbauten die frühesten und charakteristischsten architektonischen Zeugnisse.

Hinduistische Tempelanlagen sind in hohem Maße symbolische Architekturen, die überdies kaum wie Bauten, sondern vielmehr wie riesige skulpierte, ja regelrecht plastisch ausgeformte Gebilde wirken. Sie erheben sich allesamt auf einem hohen, über eine steile Freitreppe zugänglichen Podest – eine immerwährende und allgegenwärtige symbolhafte Visualisierung des heiligen Bergs *Meru*. Bedeutendes Zentrum frühhinduistischer Tempelarchitektur ist Khajuraho in Indien. Hier entstanden während der Regentschaft der Chandella-Dynastie (9.–12. Jh.) zahlreiche Tempel, die – ähnlich der Khmer-Stadt Angkor – nach dem Niedergang im 12. Jh. in Ruinen fielen, vom Dschungel überwuchert und erst zu Beginn des 20. Jh. wiederentdeckt wurden. Bedeutendster Bau war der guterhaltene Kandariya-Mahadev-Tempel, um 1000 errichtet (**68**, **69**). Der längliche Grundriß in der Art eines Doppel-Zentralbaus zeigt einen inneren Umgang, der zwei Zentren miteinander verbindet: die Mandapa-Halle und das »Allerheiligste« unterhalb des großen Sikhara-Turms. Das auf hohem Podest stehende Bauwerk aus weichem, hellen Sandstein war prächtig geschmückt: zahlreiche figürliche Reliefs, vor allem aber eine phantasievolle Architekturornamentik, die fast an eine Laubsägearbeit in Stein oder eine Elfenbeinschnitzerei erinnert, charakterisieren den Aufbau nicht nur dieses, sondern aller Hindu-Tempel und bilden einen markanten Gegensatz zum demgegenüber vergleichsweise schmucklosen Stupa des Buddhismus (vgl. S. 58).

[68] Kandariya-Mahadev-Tempel, Khajuraho in Indien, um 1000. Ansichtszeichnung

Der in Japan vorherrschende Shintoismus entstammt vorgeschichtlicher Zeit und ist schamanistisch beeinflußt. Naturverehrung und Ahnenkult sind die Eckpfeiler der Religion. Die Anbetung der Kami, der Natur- oder Ahnengeister, ist die gängige Kultpraxis. Verehrt werden die Kami in Schreinen, leichten Holzarchitekturen, die das

[69] Kandariya-Mahadev-Tempel, Khajuraho in Indien, um 1000

Zentrum eines heiligen Bezirks bilden, der durch hohe Holzzäune blickdicht umschlossen ist und durch ein – meist rot gestrichenes – Holztor (*torii*) betreten wird. Ein Schrein liegt immer an einem fließenden Gewässer (für Reinigungsrituale). Ältester intakter Shinto-Schrein ist der von Izumo auf der Insel Hon-shu (**70**), auch Ise-Schrein genannt. Im 2. Jh. n. Chr. gegründet, geht die heute vorhandene Architektur jedoch mitnichten auf diese Zeit zurück. Shinto-Schreine werden seit 690 in regelmäßigen Abständen, meist alle 20 Jahre, abgebrochen und in identischer Form neu erbaut, so daß der heutige Schrein modernster Ausführung entspricht, jedoch die Formen, besonders etwa die der Dachverkröpfung, der Erstausführung des 2. Jh. n. Chr., exakt beibehält. Architektonische Tradition hat sich auf diese Weise perfekt überliefert. Shinto-Schreine sind gewissermaßen Neubauten und uralte Architekturen zugleich.

Mit dem Eindringen der chinesischen Kultur haben sich in Japan seit dem 6. Jh. diverse buddhistische Architekturmuster etabliert, besonders die mehrstöckige Pagode und die Halle mit an den Ecken geschweiftem Walm-, Zelt- oder Satteldach. Ein Spezifikum traditioneller japanischer Architektur ist, auch jenseits der Sakralarchitektur, eine ausgeprägte Leichtbauweise: filigrane

[70] Der Ise-Schrein auf Hon-shu in Japan: Ein nur scheinbar modernes Bauwerk der 1980er Jahre, das der Gestalt eines Kultbaus dem 2. Jh. n. Chr. exakt folgt.

Holzkonstruktionen mit leichten Wänden aus dünnen Brettern, beweglichen Schirmen oder über Rahmen gespanntem Papier. Ein Musterbeispiel dieser Bauart ist der im 19. Jh. nach alten Aufzeichnungen rekonstruierte Kaiserpalast in Kyoto; entsprechenden Prinzipien folgten vielfach die japanischen Gartenarchitekturen wie etwa Teehäuser.

19 000–7000 v. Chr.
Paläoindianische Periode in Mittelamerika, Prä-Keramikum I–III in Südamerika/Anden

ab ca. 4200 v. Chr.
Erster Ackerbau im zentralen Andengebiet

um 3500 v. Chr.
Kultivierung des Mais als Nahrungsgrundlage; dauerhafte Siedlungen, gebrannte Keramik in fast allen altamerikanischen Kulturen

3. Jt. v. Chr.
Erste seßhafte Kulturen mit Kenntnis der Metallverhüttung und Keramikherstellung in Nordamerika

1000 v. Chr.–ca. 700 n. Chr.
Indianische »Waldlandkulturen« in Nordamerika

1000–300 v. Chr.
Olmekenkultur in Mittelamerika

300 v. Chr.–250 n. Chr.
Erste Mayakulturen in Mexiko

600–900
Höhepunkt der Mayakultur

700–1550
»Missisippikultur« in Nordamerika (stadtähnliche Siedlungen, Tempelpyramiden)

900–1200
Toltekenkultur in Mexiko

1200–ca. 1550
Azteken-Reich in Mittelamerika; Inka-Reich im westlichen Südamerika

Pyramiden, Tempel und Siedlungen der Azteken und Inka

Es ist schwer möglich, die zahlreichen, sehr diversifizierten altamerikanischen Hochkulturen, die sich vom mittleren Südamerika bis ins nördliche Mexiko erstreckten und seit etwa 2500 v. Chr. das kulturelle Antlitz des Kontinents prägten, in einem Atemzug gemeinsam zu behandeln. Die einzige wirkliche Gemeinsamkeit ist der dramatische Untergang all dieser Kulturen im Zug der europäischen Eroberung im 16. Jh. Maya, Azteken und Inka sind nach heutigem populären Verständnis die nahezu alleinigen Träger der altamerikanischen Kultur; tatsächlich sind sie aber nur ein kleiner, wenn auch insgesamt wichtiger Teil einer sehr komplexen ethnischen Konstellation in diesem Gebiet. Dabei sind die Kulturen der Azteken und Inka sehr jungen Datums: Die Azteken waren ein Nomadenvolk, das um 1300 nach Mexiko einwanderte und dort seßhaft wurde, während das Inka-Reich in der Bergwelt der Anden, im heutigen Peru gelegen, um das Jahr 1200 entstand. Allein die Mayakultur, in Mittelamerika über die Gebiete der heutigen Staaten Belize, Honduras, Guatemala und die Halbinsel Yucatán verbreitet, hatte tiefe historische Wurzeln; die frühesten archäologischen Zeugnisse reichen bis in die Zeit um 2500 v. Chr. zurück.

Die dominante Architekturform in den Reichen der Maya und Azteken war die Pyramide. Diese Bauten sind indessen nicht vergleichbar mit den Pyramiden des pharaonischen Ägypten (vgl. S. 11); sie waren gestuft, über Treppen begehbar und dienten (von Ausnahmen abgesehen) nicht als Herrschergrab, sondern als eine Art künstlicher Berg, auf dessen höchster Plattform sich eine Tempelanlage erhob. Die mit Abstand größte Pyramide der mittelamerikanischen Kulturen ist die »Sonnenpyramide« von Teotihuacán (**71**) im zentralen Hochland Mexikos. Im 3. Jh. n. Chr. erbaut, erhebt sie sich 65 m über die Ebene, weist eine Kantenlänge von jeweils 220 m auf und besteht aus über 1 Mio. m³ luftgetrockneter Ziegel. Rampen und

Stufen führen auf die Spitze, auf
der einst eine Kultstätte angesiedelt
war. So verschieden die Pyramiden
in Grundform, Neigungswinkel
und Bauaufwand im Lauf der Jahrhunderte in den verschiedenen
Regionen und Kulturen auch ausgeformt waren, gemeinsam war der
Podestcharakter für Bauten und der

Kultbetrieb auf ihren Spitzen. Bedeutende Pyramiden
sind die der Maya von Tikal (6. Jh.), Palenque (7. Jh.), El
Tajín (10. Jh.) und Chichén Itzá (11. Jh.) sowie die Azte-
ken-Pyramide von Tenayuca (13. Jh.).

Die altamerikanischen Pyramiden erhoben sich,
meist an zentraler Stelle gelegen, inmitten großflächig
bebauter Siedlungsareale. Ihnen unmittelbar zugeordnet waren häufig große Platzanlagen – Tempelhöfe wie
etwa derjenige von Tiahuanaco, einer insgesamt 16 ha
umfassenden Metropole im Hochland der peruanischen Anden der Zeit um 900 (72), oder die berühmten Ballspielplätze wie etwa der von Yagul (11./12. Jh.).
Letztere waren exakt rechteckige, eingetiefte und mit
tribünenartig geformten Wällen umgebene Anlagen.
Sie dienten einem häufig auch bildlich dargestellten
Ballspiel, das nicht allein Sport, sondern auch ein ri-
tuell-symbolischer, dabei bis heute rätselhaft gebliebe-
ner Akt war.

Die urbanen Strukturen der mittelamerikanischen Metropolen waren, verglichen etwa
mit den primitiven Siedlungen des europäischen Mittelalters, hoch entwickelt. Wie mit
dem Lineal gezogen, kreuzen sich die Straßen
in rechten Winkeln, liegen die Tempel und
öffentlichen Plätze in exakten Fluchten zueinander, säumen die Wohnhäuser die breiten
Straßen (73, 74). In der Mayakultur dominierten rechteckige, meist mehrräumig geglieder-
te Wohnhäuser; sie erhoben sich in leichter,
dennoch aber witterungsstabiler Lehmbau-
weise auf einer niedrigen, mehrstufigen Erd-

[71]   Die »Sonnenpyra-
mide« der Ruinenstadt
Teotihuacán, errichtet im
3. Jh. n. Chr., ist die
größte Pyramide der
mittelamerikanischen
Kulturen. Im Vorder-
grund weitere, kleinere
Pyramiden mit Treppen-
zugängen und Opferplät-
zen auf dem obersten
Plateau

[72]   Der Tempelhof der
Stadt Tiahuanaco in den
peruanischen Anden.
Charakteristisch für sol-
che Anlagen sind die
Reliefstelen in der Hof-
mitte.

[73] Luftaufnahme der Stadt Chan Chan an der Mündung des Rio Mocho in Bolivien. Starke, gut zu verteidigende Lehmziegelmauern umschlossen ein exakt, beinahe mathematisch strukturiertes Areal von über 20 km². Die Hauptstadt des Chimú-Reiches wurde im 15. Jh. von den Inka erobert und geplündert.

[74] Karte der Azteken-Metropole Tenochtitlán, gezeichnet vom spanischen Eroberer Hernán Cortés. Die von schiffbaren Kanälen durchzogene Stadt mit dem Pyramidentempel in der Mitte erstreckte sich über 15 km²; sie wurde von Cortés' Truppen 1521 geplündert und niedergebrannt.

plattform. Fast alle Städte hatten deutlich mehr als 10 000 Einwohner, die Azteken-Metropole Tenochtitlán, die Cortés eroberte und in einer farbigen Karte verewigte (**74**), war eine Art mittelamerikanisches Venedig – von Kanälen durchzogen, beherbergte sie im 16. Jh. mehr als 250 000 Einwohner. Hinsichtlich des sozialen und wirtschaftlichen Lebens innerhalb der Städte gibt es hingegen nur wenige Anhaltspunkte. Sicher ist, daß sie die politischen und religiösen Zentren der jeweiligen Stämme und zugleich die Verwaltungssitze waren; möglicherweise befanden sich hier auch zentrale Lager für Nahrungsmittel und Rohstoffe und damit die Werkstätten für die Produktion von Gerätschaften und Waffen aller Art. In diesem Sinn lassen sich die mittelamerikanischen Metropolen durchaus mit den Palaststädten der Minoer auf Kreta (vgl. S. 14) vergleichen: kulturelle Zentren, zugleich aber unseren modernen Vorstellungen von einer Stadt höchst unähnlich.

Machu Picchu – Stadt in luftiger Höhe

Als eine der großen archäologischen Sensationen gilt die Entdeckung der Ruinen von Machu Picchu (**75**, **76**). Der ame-

rikanische Abenteurer Hiram Bingham, Vorbild für
den Hollywood-Helden *Indiana Jones*, stieß 1911 während einer Expedition, die eigentlich auf der Suche
nach der Inkastadt Vilcabamba war, auf die vom Ur-
wald völlig überwucherten Ruinen, die sich, drei Tages-
märsche von der alten Hauptstadt der Inka, Cuzco,
hoch auf einem abschüssigen Plateaugipfel, eben dem
Machu Picchu, über dem Tal des Rio Urumbata an den
Osthängen der peruanischen Anden erstreckten. Bekannt gemacht wurde die Ruinenstadt in einem von
Bingham mitverfaßten, weltweit beachteten Artikel im
Magazin »National Geographic« (April 1913); seitdem
ist der Ort mit seiner atemberaubenden Lage das Ziel
nahezu ununterbrochener Touristenströme.

   Machu Picchu ist bis heute in vielerlei Hinsicht ein
Rätsel geblieben, lädt ein zu Spekulationen jeder Art.
Er gehörte zum kurzlebigen Inka-Reich, das von seinem Zentrum Cuzco
aus die südamerika-
nische Andenregion
von etwa 1200 bis
zur spanischen Er-
oberung im 16. Jh.
beherrschte. Die
Siedlung ist vermut-
lich im Zug der spa-
nischen Expansion
verlassen, nicht
jedoch, wie viele
andere Orte, von den

Europäern entdeckt und geplündert worden. Die Folge
ist ein sehr guter Erhaltungszustand der zum Teil noch
bis zum Dachansatz aufrecht stehenden Bauten (**76**),
aber auch eine erhebliche Fundarmut, denn offenbar
ist fast alles, was tragbar war, von den emigrierenden
Bewohnern mitgenommen worden.

[75] Machu Picchu:
Inka-Ruinen auf einem
Berggipfel inmitten eines
grandiosen Andenpano-
ramas

   Bis heute unklar ist der Charakter der Siedlung. Jede
»echte« Inkasiedlung ist von großen Speicherbauten gekennzeichnet – ein erheblicher Vorrat an produzierter
und gesammelter Nahrung war in dieser unwirtlichen

[76] Machu Picchu: Wohnhäuser. Aus sorgfältig gefügten Felssteinen erbaut, fehlen heute allein die Holzteile des Giebeldaches. Die zahlreichen Fensteröffnungen sind mit langen Architraven überbrückt.

Gegend eigentlich zwingende Voraussetzung fürs Überleben. Solche Speicherbauten fehlen hier. Zugleich ist sicher, daß hier dauerhaft Menschen gesiedelt haben. Das gesamte Plateau ist, wo es nicht bebaut war, terrassiert und zu landwirtschaftlicher Nutzfläche umgeformt worden.

Die Siedlung selbst scheint sich in zwei Teile zu untergliedern, die durch ein ganzes System von Straßen und Wegen miteinander verbunden waren: einen Wohnbereich und einen Tempelbezirk. Fast wie Reihenhäuser wirken die kunstvoll durchfensterten und mit Giebeldächern gedeckten Wohnbauten: exakt gefluchtet und parallel zueinander erbaut. Was aus der Ferne wie eher flüchtig zusammengefügtes Bruchsteinmauerwerk wirkt, erweist sich bei näherem Hinsehen als bautechnische Meisterleistung: Exakt auf Paß gearbeitete Steinquader sind hier ohne Mörtel oder einen anderen Binder aufeinandergeschichtet – eine Bautechnik, die an die Säulen- und Quaderbauten des antiken Griechenland (vgl. S. 18) erinnert, hier jedoch besonders auch deswegen rätselhaft bleibt, weil keinerlei Kenntnisse der verwendeten Werkzeuge und Techniken überliefert sind. Gewiß ist allein, daß das Baumaterial in einem nahegelegenen Steinbruch gewonnen und in mühsamer Arbeit auf das Bergplateau hinaufgetragen wurde; der harte Fels wurde im Steinbruch angebohrt und mit in die Löcher hineingetriebenen nassen Holzpflöcken in exakter Linie auseinandergesprengt.

Wohl um 1450 erbaut, hat Machu Picchu kaum 100 Jahre existiert. Die Siedlung war vermutlich keine Stadt im konventionellen Sinn, vielmehr eher eine Art Villa oder Landresidenz des Inkaherrschers Pachacutec. Die vermutlich recht wenigen, auf Dauer am Ort lebenden Bewohner waren möglicherweise Bedienstete des Hofes, betrieben Ackerbau und die verschiedenen Werkstätten, darunter eine Weberei. Die seltsamen Formen und Inneneinrichtungen der »Tempel« (so bezeichnet, weil sich keine vordergründig-rationale Erklärung für diese Bauten anbietet), verschiedene Ideen von hier einstmals praktizierten astrologischen Beobachtungen, aber auch die faszinierende Lage haben Machu Picchu bis heute die Aura des Geheimnisvollen, des Mystischen verliehen.

Zwischen Pueblo und Holzhütte:
Indianische Architektur Nordamerikas

Die Architektur der nordamerikanischen Indianer steht in engster Beziehung zu den sozialen und vor allem wirtschaftlichen Grundlagen der jeweiligen Ethnien. Besonders im Norden des Kontinents dominierten bis ins 19. Jh. hinein Nomaden; die notwendige Folge dieser auf Sammeln und Jagen ausgerichteten Wirtschaftsform war der Verzicht auf fest gebaute Siedlungen. Hier herrschten Zeltkonstruktionen, bei den Winterlagern in der Regel vergängliche Naturarchitekturen vor (vgl. dazu S. 34).

Die seßhaften Stämme des Nordens und der Prärie lebten in Dörfern, die aus verschieden großen Gemeinschaftshäusern bestanden; solche Häuser, die bis zu 100 m Länge aufweisen konnten, wurden von mehreren Sippen bewohnt. Die Bauten waren aus Holz errichtet und bestanden in der Regel aus einem Geviert von stabilen Vertikalpfosten, an denen die Wandplanken befestigt waren und die das z. T. äußerst massive Bretterdach trugen. Bemerkenswert ist die Bautechnik: Nägel und Dübel waren

[77]   Die mit Schnitzwerk dekorierte Eingangsfront eines hölzernen Langhauses der Kwakiutl-Indianer an der amerikanischen Nordwestküste (Seattle/ Vancouver). Rekonstruktionszeichnung

[78]   Ein mehrstöckiges, über Leitern zugängliches Pueblo der Zuñi in New Mexico. Historisches Foto von 1879

unbekannt, so daß die einzelnen Teile allein durch Verzapfungen, Kerbungen oder Seilvertauung miteinander verbunden waren. An der Eingangsseite meist mit Schnitzwerk reich verziert (77), besaßen die Gebäude keinerlei Fenster; lediglich eine verschließbare Rauchabzugsöffnung an der Rückseite in unmittelbarer Nähe der Feuerstelle sorgte für Beleuchtung. Der Boden war gänzlich mit Holzbrettern ausgelegt, die Bauten im Inneren in einzelne Abschnitte für die Sippen untergliedert.

Viele Indianerstämme des Südens (Arizona, New Mexico) lebten mindestens im Winter in Lehmziegelarchitekturen, die dabei sehr verschiedene Ausformungen aufweisen konnten. Während bei den Papagos in Südarizona Dörfer aus kleinen, separat gebauten kastenförmigen Lehmziegelhäusern vorherrschten, fand sich bei Völkern in New Mexico ein aneinander gebautes, vielstöckiges, labyrinthisches Konglomerat kastenförmiger, teilweise auch runder Einheiten – eben das vom spanischen Franziskaner Fray Marcos 1539 sogenannte Pueblo, ein Begriff, der dann auf die amerikanischen Bewohner der Dörfer übertragen wurde. Nicht allein Lehmziegel fanden hier Verwendung; sogar säuberlich verputzte, sorgfältig geschichtete Steinarchitekturen haben sich, etwa bei den Hopi, nachweisen lassen. Das Pueblo ist ein »Ein-Haus-Dorf«, bestehend aus bis zu 800 miteinander verbundenen, pyramidenartig übereinandergestockten Raumeinheiten, die in der Regel über Leitern zugänglich und durch Dachluken betretbar waren. Die einzelnen Raumeinheiten waren in der Horizontalen durchgehend, in der Vertikalen jedoch nur selten miteinander verbunden; ein Geschoßwechsel erfolgte von außen über Leitern. Bis zu fünf Stockwerke konnten auf diese Weise übereinandergelagert werden (**78**); bezeugt sind Pueblos mit über 6000 Bewohnern. Die flachen Decken bestanden aus einer massiven Holzkonstruktion, die mit Lehm und Putz verkleidet war. Die Stärke der in den unteren Stockwerken über 1,5 m dicken Wandmauern nahm aus Gründen der Statik nach oben hin rapide ab; das oberste Geschoß eines Pueblos bestand aus einer Leichtkonstruktion aus Lehm und Flechtwerk, nicht mehr aus Ziegeln.

Die pyramidenförmigen Pueblos, die sich auf meist ebenem Terrain erheben, eigneten sich ideal zur Verteidigung gegen Angriffe; das massiv gebaute, häufig überhöhte Sockelgeschoß war deswegen nach außen hin völlig verschlossen und unzugänglich. Die agglutinierende Wohnform des Pueblos ist bereits in prähistorisch-indianischer Zeit für die Spätphase der Anasazi-Kultur (Pueblo-I-Phase, seit 700 n. Chr.) belegt. Einzelne Pueblos konnten eine jahrhundertelange Bautradition aufweisen (und sind sogar noch heute bewohnt); sie wurden je nach Bedarf ergänzt, verändert oder modernisiert. Innerhalb des Pueblos gab es mindestens einen zentralen Raum oder Platz, der als »öffentlicher« Gemeinschaftsbereich dem Ritus und den Stammesversammlungen vorbehalten war.

Eine den natürlichen Schutzgegebenheiten des Geländes angepaßte Variante des Pueblos ist die Klippensiedlung – ebenfalls ein zusammenhängendes Architekturkonglomerat, das wegen der strategisch günstigen Lage auf einer steilen Anhöhe oder im Schutz der schwer zugänglichen Bergwelt auf das abweisend-unzugängliche Sockelgeschoß des »Flachland-Pueblos« verzichten konnte und deshalb in seiner Form insgesamt unregelmäßiger, variabler und »offener« gebaut war (**79**).

[79]   Das Klippenpueblo von Mesa Verde im US-Bundesstaat Colorado, das hoch über einem Canyon gelegen ist, wurde aus einem sorgfältigen Verbund von Lehmziegeln und Bruchsteinen erbaut.

Der romanische Kirchenbau

Der aus Frankreich stammende Begriff Romanik bezeichnet in der Architekturgeschichte diejenige Epoche mittelalterlicher Baukunst, die mit der Konsolidierung eines lateinisch-westlichen Kulturkreises einhergeht. Sie steht formal in antik-spätrömischer Tradition, grenzt sich aber zunehmend markant von den beiden anderen »Nachfolgern« des antiken Rom – Byzanz und Islam – ab. Geographischer Schwerpunkt der Romanik ist Italien und das aufblühende Europa nördlich der Alpen, wo sich verschiedene formale Ausprägungen entwickeln. Zeitlich erstreckt sie sich von der karolingisch-ottonischen Epoche des 8. Jh. bis ins 12. Jh.; sie wird bauhistorisch unterteilt in die Frühromanik (bis ca. 1000) und eine Blüte im 11. und 12. Jh.

Träger romanischer Kunst und Architektur ist in erster Linie die Kirche, die Bauten und Bilder derart vollständig funktional in ihr Weltbild eingliedert, daß – im Gegensatz zur Renaissance – praktisch keine Künstler oder Architekten namentlich überliefert sind. Allein die Resultate, nicht die Umstände ihrer Erstellung haben Bedeutung. Romanische Architektur manifestiert sich demzufolge in erster Linie im Kirchen- und Klosterbau, erst dann im Repräsentationsbau der (ohnehin eng mit der Kirche verflochtenen) weltlichen Macht.

[80] Das Oktogon der Pfalzkapelle im Aachener Münster. Das Untergeschoß diente als Kirche, das Obergeschoß war dem kaiserlichen Troß als Repräsentationssaal vorbehalten. Odo von Metz ist als Architekt überliefert – eine seltene Ausnahme in der ansonsten anonymen Architektur der Romanik.

Ein frühes Beispiel, das diese Verknüpfung von weltlicher und kirchlicher Macht zeigt, ist die Pfalzkapelle im Aachener Münster (**80**). Um 800 in einer der bedeutendsten Pfalzen des Karolingerreichs errichtet, folgte sie mit ihrem oktogonalen Grundriß der im 6. Jh. in Ravenna erbauten Kirche San Vitale. Der Bau war zunächst der Thronraum, also ein weltlicher Repräsentationsbau im Palast Karls des Großen, und wurde später dann zum Kern des darum herum errichteten Aachener Münsters. Der mehrstöckige Raum zeigt mit seinen säulengestützten Rundbögen und seinem Gewölbe die markanten, auf maximale Klarheit der Gestaltung abzielenden Leitformen romanischer Architektur, die vielfach der spätantik-römischen Architektur entlehnt sind. Wie sehr die Grundformen romanischer Architektur derjenigen frühchristlich-antiker Zeit ähneln, zeigt der Grundriß der St.-Michael-Basilika von Hildesheim (frühes 11. Jh., **81**): Hier tritt nicht wie in Aachen (oder etwa am Dom von Worms) das Prinzip des Zentralbaus in Erscheinung, sondern das alternative Konzept der Basilika (vgl. S. 38 mit Abb. 44), das zunehmend mit einem dem Chor vorgelagerten Querschiff verbunden und zu einem Grundmuster spätmittelalterlichen Kirchenbaus entwickelt wird. Höhepunkt der deutschen Romanik sind die Bauten der Salier und Staufer im 11. und 12. Jh.; am Dom zu Speyer (1024–1106) findet sich ein filigraner dreizoniger Wandaufbau, der mit seiner Höhenstreckung bereits auf die kommende Gotik vorausweist.

Die »normannische« Romanik ist die französische Spielart des Baustils. Sie findet sich nicht nur in Frankreich (St. Etienne in Caën), sondern im gesamten Expansionsgebiet der Normannen in jenen Jahrhunderten. Zergliederung der Wandflächen bis hin zu einem reinen Ornamentalismus sowie die Entwicklung des Kreuzgratgewölbes sind Kennzeichen dieser Bauform – Entwicklungen, die ebenfalls auf die Gotik hinweisen. Prominente romanische Normannenbauten außerhalb Frankreichs sind die Kathedrale von Durham (1091–1130) mit ihrer beinahe schon gotisch-verschnörkelten

1202–1250
Friedrich II. von Hohenstaufen, Höhepunkt des Heiligen Römischen Reiches
1226
Deutscher Orden gegründet
1291
Nach insgesamt sieben Kreuzzügen räumen die Christen Akkon, die letzte befestigte Basis in Palästina

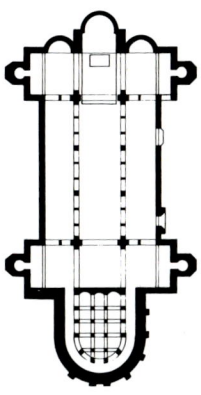

[81]   Die von Bischof Bernward 1010 gegründete Basilika St. Michael in Hildesheim. Grundriß

Außenfassade (im 1066 eroberten England), ferner Dom und Kloster von Monreale sowie der gewaltige Dom von Cefalù (12. Jh.) auf Sizilien (82) mit seiner ausufernden Ornamentik. Zu den bedeutendsten Zeugnissen französischer Romanik zählt zudem der im Jahr 1088 begonnene Neubau des Klosters Cluny, das Zentrum des Zisterzienserordens.

Während die süditalienische Romanik im wesentlichen Fremdeinflüssen, etwa denen der Normannen (Sizilien und Kampanien) oder der Staufer (Apulien unter Friedrich II., z. B. die Kathedralen in Bari, Trani, Bitonto und Otranto) folgt und sich als ein hochgradig eklektisches, beinahe multikulturelles Phänomen präsentiert, prägt sich in Norditalien seit dem 11. Jh. ein eigenständiges, markantes Bauverständnis aus, das in verschiedener Hinsicht der späteren Renaissance-Architektur stilprägend vorausgeht. Musterstück norditalienischer Romanik sind die Bauten des Campo dei Miracoli, ein monumentales, im 11. Jh. am Stadtrand von Pisa errichtetes Ensemble (83). Prägend für den italienischen Kirchenbau wird die hier vollzogene Trennung von Kirche und daneben gestelltem Glockenturm (Campanile). Der massive Baukörper des Doms von Pisa, eine Basilika mit Querschiff und Kuppel über dem Zentrum, wirkt durch die arkadengeschmückte, mehrstöckige Fassade und das appliziert-ornamentreiche Äußere der

[82] Der normannische Dom von Cefalù auf Sizilien

Seitenflügel beinahe renaissancesk. Andere romanische Kirchen in nord- und mittelitalienischen Städten bevorzugen eine nicht minder beeindruckende Ornamentik, die weniger reliefartig ausgebildet ist, sondern durch Verwendung verschiedenfarbiger Baumaterialien erzeugt wird (z. B. Dom von Orvieto). Eine eingehendere Betrachtung norditalienischer Kirchenarchitektur zeigt, wie hier im 12. und 13. Jh. Romanik und Renaissance ohne Gotik miteinander verschmelzen.

[83] Der Campo dei Miracoli in Pisa: Der Komplex aus Baptisterium, Kirche und Campanile (der »Schiefe Turm«) wurde 1063 gegründet und in den folgenden zwei Jahrhunderten errichtet.

Die mittelalterliche Burg

Ein markanter Bautyp des Mittelalters, sowohl im byzantinischen Osten (vgl. S. 46) wie auch im lateinischen Westen, ist die Burg: ein meist demonstrativ weithin sichtbares, weil auf einer schwer zugänglichen Anhöhe gelegenes, massiv bewehrtes Verteidigungsbauwerk sehr unterschiedlicher Größe und Ausstattung.

Unmittelbar verbunden ist dieser im Mittelalter so überaus häufige Architekturtyp mit wesentlichen Strukturen der feudalistischen Gesellschaft dieser Zeit. Ein kleingliedriges System aristokratischer Herrschaft vom kleinen, örtlich prominenten Hintersassen über den regional allmächtigen, aber in der Nachbarregion schon wieder völlig einflußlosen Lehnsherrn bis hin zum Fürsten, König oder Kaiser hatte sich ein Geflecht von Abhängigkeiten ausgeprägt, dessen Kernfigur der Ritter war: ein bewaffneter Reiterkrieger mit genügend Vermögen, um seinen Militärpflichten nachzukommen. Die Basis des Vermögens bestand hier im Grundbesitz, den man ausbeuten konnten, und in der Herrschaft über Hörige, die den Boden bewirtschafteten.

Die Burg war in ihrer Keimzelle der Wohnsitz eines Ritters. Der jeweils betriebene Bauaufwand zeigte dabei präzise seinen sozialen und ökonomischen Rang als kleiner Hintersasse oder regionaler Lehnsherr. Seit etwa 1000 hatte sich dabei das Kriegertum so weit verselbständigt, daß es – mit Duldung der jeweils höheren weltlichen und kirchlichen Macht – geläufig wurde, sein Vermögen mittels Raubzügen gegen unliebsame Nachbarn zu mehren; hieraus resultiert das um die Jahrtausendwende zunehmende Schutzbedürfnis und die damit einhergehende Aufwertung des Verteidigungscharakters einer Burg. Waren die frühesten Burgen zunächst kaum mehr als auf einer künstlichen Erhöhung plazierte und mit einer Palisade umgebene Wohntürme (die auf einem massiv befestigten, steilen Sockel inmitten auch flacher Landschaft errichteten normannischen Keep's sind eine wehrtechnisch verbesserte Reminiszenz an diese frühen Burgtypen), suchte man nun, wenn irgend möglich, natürlichen Schutz bietende Lagen auf schwer zugänglichen Bergnasen – was aber auch einen Nachteil aufwies, denn der Bau einer Burg konnte eben wegen der Unzugänglichkeit des Baugrunds zu einem hochkomplizierten technischen Unterfangen werden. Im Flachland begann man, die Burgen mit Gräben und Wällen sowie mit Ringmauern umfassend zu sichern.

Die »typische« mittelalterliche Burg (84) besteht aus drei Komponenten: den militärischen Anlagen wie Mauern, Türmen, Zugbrücken, eventuell noch einer zur Bastion ausgebauten Vorburg sowie den Waffenräumen, dem Wirtschaftstrakt (Werkstätten, Lagerräume, Ställe, Zisternen oder Brunnenanlagen) sowie dem zunächst bescheidenen, erst seit dem späten 12. Jh. zunehmend repräsentativen Wohntrakt (Bergfried bzw. Dogon/Donjon in der Tradition der Wohntürme, »Hauptburg« als eine Art Wohnpalast mit dem Kaminraum, der *caminata*/Kemenate und dem Rittersaal im Zentrum sowie der Burgkapelle). Die Dimensionen der Burgen variieren erheblich und reichen von nur wenige 100 m² Grund-

[84] Château Gaillard an der Seine: Königsburg von Richard Löwenherz, um 1200 erbaut. Grundriß mit typischen Elementen einer Burganlage
1 Donjon
2 Hauptburg
3 Mittelburg
4 Vorburg
5 Graben

[85] Felsennest in Südtirol. Burg Hocheppan, um 1130 erbaut

fläche bedeckenden »Felsennestern« (**85**) über opulente und repräsentative Wohnburgen (Wartburg) bis hin zu den riesigen Klosterburgen des Deutschen Ordens im Osten (Marienburg) oder den Burgen der Kreuzritter im östlichen Mittelmeerraum (Rhodos).

Der Burgenbau war von erheblicher Bedeutung für die europäische Siedlungsgeschichte, da ihm zugleich die Sicherung von Grenzen und Handelswegen zukam. Häufig bildeten sich im Schutz von Burgen Ansiedlungen, die zu Städten anwuchsen (**86**). Insgesamt sind in Europa nahezu 30 000 Burgen bekannt. Die meisten wurden in der Zeit um 1500, als die Erfindung des Schießpulvers zunehmend neue Formen der Befestigung erforderlich machte, aufgegeben und verfielen, etliche wurden aber auch in – nunmehr nicht mehr allein defensiv ausgerichtete – repräsentative Schlösser und Residenzen umgewandelt. Das Motiv der mittelalterlichen Burg, allerdings ohne jede soziale und wehrtechnische Funktionen, wird dabei im Historismus des 19. Jh. (vgl. S. 123ff.) ein beliebtes Sujet für aristokratische Landsitze, besonders in England und Schottland.

[86] Weingärten im Schatten der Burg: Die Stadt Kintzheim im Elsaß verdankt ihre Existenz der um 1190 gegründeten Burg. Die Stadt erwarb zu Beginn des 16. Jh. die aufgegebene staufische Grenzfestung und nutzte sie in Kriegszeiten als Fluchtburg.

Der Kunst- und Bauhistoriker Georg Dehio schrieb über die spätmittelalterliche Architektur Nord- und Ostdeutschlands in seiner vielfach aufgelegten »Geschichte der Deutschen Kunst« knapp und zutreffend: »Die norddeutsche Baukunst war einheitlich Backsteinbau. Und sie zog aus dieser ihr vorgegebenen Lage die volle Konsequenz: Sie rezipierte den Backstein nicht etwa bloß als technischen Notbehelf, sondern erfaßte ihn mit der Phantasie, paßte die Formen ihm an, schuf einen einheitlichen, einen wirklichen Backstein-Stil.«

Ziegel als Baumaterial treten im Spätmittelalter in Erscheinung, wo massiver Stein selten vorkommt. Besonders in den Städten der Emilia Romagna bestehen im 13. und 14. Jh. Kirchen und Palazzi überwiegend aus Lehmziegeln; die Sandsteinfassaden der Dome von Bologna, Ferrara oder Modena sind lediglich Ver-

[87] Backsteingotik: Ziegeldekor am Portal der Marienkirche von Anklam, 13. Jh.

kleidungen der im Innern und an den Langseiten häufig sichtbaren braun-schwärzlichen Ziegelmassen.

Die gigantischen gotischen Kathedralen in Städten wie Köln oder Paris bestanden aus leicht formbarem, relativ weichem Sandstein. Da Sandstein im Ostseeraum praktisch nicht vorkommt, bestand Architektur hier traditionell aus gebrannten Lehm- bzw. Tonziegeln und war mit Hilfe dieses kaum minder dekorativen Baumaterials ganz ähnlich formbar: Alle Stilelemente der Gotik ließen sich so nachvollziehen (**87**).

Sozio-ökonomischer Hintergrund der im 12. Jh. einsetzenden Backsteingotik ist die Hanse – ein primär auf die Ostsee ausgerichteter merkantiler Verbund nordeuropäischer Städte, die – als teilautonome Einheiten – im 13./14. Jh. enormen Wohlstand anhäuften. Der Reichtum sammelte sich dabei nicht nur in den Schatzhäusern der Städte, sondern auch in den Händen der als Händler tätigen Bürger und des Klerus. Die norddeutsche Backsteingotik gibt dem Streben dieser Gruppen nach repräsentativen Architekturmustern Ausdruck. Aus zunächst bescheidenen Anfängen im 12. Jh. (Dome von Ratzeburg, Schwerin und Lübeck) erwuchs im 13. Jh. eine spektakuläre Ziegelbaukunst, die mittels dieser Bautechnik Kathedralen schuf, die denen in Mitteldeutschland und Frankreich kaum nachstanden (**88**). Anders als in diesen Regionen zeigte sich der Reichtum und das Selbstbewußtsein der Hansestädte daran, daß man es nicht bei einem spektakulären Bau pro Stadt beließ, sondern Dome in ganzen Serien erstellte: Sogar in einer für hanseatische Verhältnisse kleinen (wenngleich durch den Salzabbau schwerreichen) Stadt wie Lüneburg erhoben sich am Ende des 15. Jh. nicht weniger als vier gigantische Backsteinkirchen.

Die norddeutsche Backsteingotik beschränkt sich nicht auf den Sakralbau, ja hat ihn nicht einmal besonders bevorzugt. Backsteingotik ist der »Stil der Zeit«, der an allen repräsentativen Bauten anzutreffen ist. Bürgerhäuser wie Rathäuser und Stiftanlagen (mit ihren markanten Stufengiebeln), aber auch repräsentativ gestaltete Stadt-

[88] Backsteingotik: Die Zentralkirche des Zisterzienserklosters von Bad Doberan, nach 1255

tore (**89**) und Kontorgebäude haben die Ostseestädte des Spätmittelalters einst geschmückt und zu Zentren einer heute noch weitgehend erhaltenen Architektur gemacht.

[89] Backsteingotik: Das Holsten-Tor in Lübeck, 15. Jh.

Zum Himmel empor: Die gotische Kathedrale

Wohl selten ist der Versuch, einen vermeintlich degenerierten Baustil zu diskreditieren, aus heutiger Sicht derart mißglückt wie mittels der ursprünglich negativ gemeinten Bezeichnung »Gotik«: Der italienische Architekt und Maler Giorgio Vasari (1511–74), ein glühender Anhänger der Rationalität der italienischen Renaissance, prägte diesen auf ein barbarisches Gotentum gemünzten Begriff, um die »Irrungen« der seit etwa 1300 nördlich der Alpen gängigen Repräsentationsarchitektur zu kennzeichnen. Heute gilt die Gotik als ein vielbewunderter, konstruktiv kühner Architekturstil der Sakralbauten; er war in der Zeit von ca. 1300 bis 1500 in Frankreich, England, Deutschland, den Niederlanden und Böhmen weit verbreitet.

Mehr noch als die romanischen Dome hatten und haben gotische Kathedralen Zeichencharakter: riesige, zum Himmel weisende Monumente des Klerus, Monumente einer zünftisch-ständisch organisierten, bis ins Private hinein von der Kirche dominierten Gesellschaft. Anders als die romanischen Kirchen, die trotz bisweilen erheblicher Größe immer in relativ kurzer Bauzeit zumindest soweit vollendet wurden, daß sie geweiht und genutzt werden konnten, waren die gotischen Kathedralen nicht selten Riesenprojekte, deren Vollendung bei Baubeginn unabsehbar war. Über Generationen waren hier Bauhütten – je nach verfügbaren Mitteln – mehr oder minder aktiv; viele gotische Kathedralen, wie etwa der Kölner Dom, wurden erst Jahrhunderte nach Baubeginn vollendet. Üblicherweise wurde bei gotischen Kathedralen mit dem Ostteil (Chor, Querschiff) begonnen, während das Westwerk in der Regel den jüngsten Teil des Bauwerks darstellt.

[90] Die gotische Kathedrale: Schnitt durch den Seitenaufbau des Doms von Amiens, erbaut ab 1220

Der Übergang von der Romanik zur Gotik ist fließend. Bereits die Kathedrale von Durham (vgl. S. 71) kann als »Übergangsbau« gewertet werden. Markante Erscheinungen der Gotik wie die schlanke Hochgestrecktheit einzelner Kompartimente oder ganzer Wand- und Raumsysteme (90) sind in spätromanischen Bauten ebenfalls bereits angelegt. Hinzu tritt nun eine zunehmende statische Kühnheit – die Bauhöhe bei gleichzeitiger Minimierung der Stützen und die Raumüberbrückung durch filigran gemauerte Gewölbe basieren dabei nicht auf statischer Berechnung, sondern auf einem *trial-and-error*-Verfahren; Einstürze von eben fertiggestellten Teilabschnitten (wie z. B. 1284 bei der Kathedrale von Beauvais) und ein Verbleiben des Baus im

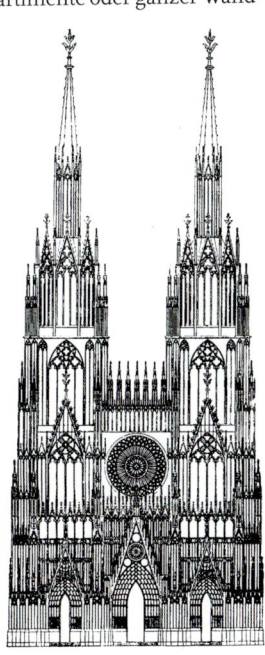

[91] Das Westwerk des Straßburger Münsters: Der in der Vertikalen 2,80 m messende zeichnerische Riß ist der Prototyp der in der Gotik in Bauhütten verwahrten und weitergereichten Designzeichnungen – Planungsgrundlage für den Fortgang der Bauarbeiten.

Unvollendeten oder im notdürftig Reparierten waren nicht selten. Immer waghalsiger wurden die in der Masse reduzierten Architekturskelette, immer lichter die mit großen Fenstern durchsetzten Wände, immer bizarrer der spitz gezackte Dekor des riesenhaften Äußeren der Bauten. Die Bauplanung beschränkte sich dabei weitgehend auf großformatige Ansichtszeichnungen ohne technische Detailangaben, gewissermaßen Designvorgaben, die innerhalb der Bauhütte über Generationen weitergereicht wurden (91). Größe war dabei Programm: Die Kathedrale von Amiens (ab 1220) bot Raum für die gesamte damalige Bevölkerung der Stadt, war ihr weithin sichtbarer Mittelpunkt und dominierte das gesamte Erscheinungsbild des Ortes. Mit den riesigen Bauvolumina korrelierten die bisweilen

[92] St. Denis, Abteikirche: Der Umgangschor im Innern gilt als Pionierwerk der Frühgotik.

exorbitanten Höhen der (häufig erst spät vollendeten) Türme. Der 1439 fertiggestellte Turm des Straßburger Münsters gleicht mit gut 130 m Höhe einem mehr als vierzigstöckigen Wolkenkratzer, die Türme des Ulmer und des Freiburger Münsters sowie des Wiener Stephansdoms stehen dem kaum nach.

Zentrum der Frühgotik ist die Île-de-France um Paris herum; als Pionierwerk gilt der Umbau der im 7. Jh. gegründeten Abtei des Klosters St. Denis (ab 1135) mit ihrem Umgangschor (92). Die Hochgotik des 13. Jh. ist zunächst ebenfalls französisch geprägt; die berühmten Kathedralen von Chartres, Reims und Amiens (90) gehören in diese Zeit. Die Spätgotik des 14. Jh. hat verschiedene nationale bzw. regionale Ausprägungen hervorgebracht: die Parler-Bauten (Prag) ebenso wie den überladenen »Flamboyantstil« in den Niederlanden. Eine besondere Rolle spielte die Gotik in England, wo sie im 13. Jh. zu einem »Nationalstil« gewendet wurde, der die normannisch-romanische Eroberung verdrängen und einer breit angelegten, den Adel einigenden Identität Raum geben sollte. Die Kathedralen von Wells (93), Salisbury, Lincoln und der Umbau von Westminster Abbey in London geben davon beredtes Zeugnis.

Die Gotik war weitgehend, jedoch nicht ausschließlich auf den Sakralbau beschränkt. Reiche Städte des
Spätmittelalters bedienten sich in ihren Repräsentationsbauten nicht selten ebenfalls dieses Stils (und zugleich auch seiner Semiotik, nämlich einem allumfas-
senden Weltanspruch). Prominente Beispiele sind
hier zunächst die flandrischen Städte mit ihrer eigenar-
tigen, höchst repräsentativen Architekturverschmel-
zung von Gotik und Renaissance (Rathaus von Brügge;
Tuchhalle von Ypern), aber auch Bauten im Osten, etwa
in Thorn und Breslau. Im Schloß- und Kastellbau
(vgl. S. 73) hat die Gotik ebenfalls ein (wenn auch insgesamt eher bescheidenes) Gestaltungsfeld gefunden.
Gotik war als ein Stil des Spätmittelalters in ganz Mit-
tel- und Nordeuropa präsent; noch im 17. Jh. wird in
Einzelfällen authentisch-gotisch gebaut (Jesuitenkirche
in Köln). Das rezipierende *Gothic Revival*, besonders in
England in den Jahrzehnten um 1800 gepflegt, zeigt
zum einen den nunmehr positiven Charakter dieses
ursprünglich negativ konnotierten Stils und wird ferner zu einem wichtigen Impuls des architektonischen
Historismus (vgl. S. 122).

[93] Die Kathedrale
von Wells, ein »gotisier-
ter«, 1089 begründeter
romanischer Kirchenbau,
ab 1340 im Stil der
Gotik umgestaltet. Der
für englische Kirchen go-
tischen Stils markante
Turm auf nahezu quadra-
tischem Grundriß ent-
stammt dem 15. Jh.

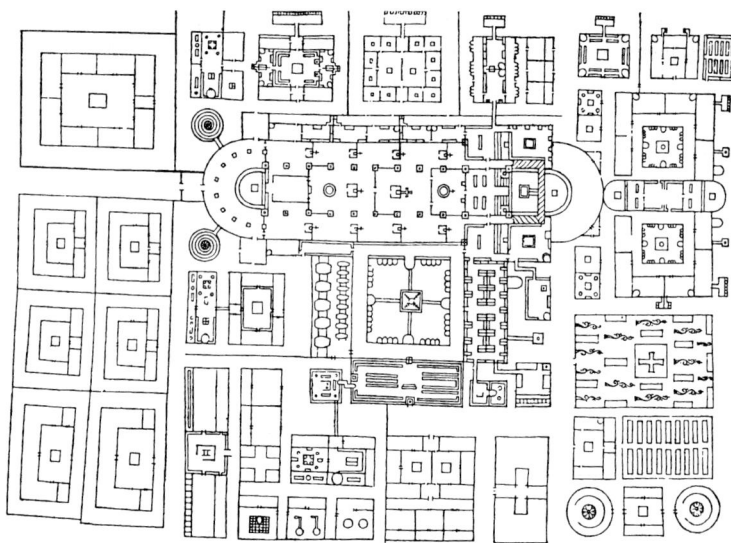

[94] Der St. Gallener Klosterplan (Umzeichnung) zeigt den Idealgrundriß eines karolingischen Benediktinerklosters mit Kirche, Kreuzgang und Mönchszellen im Mittelpunkt sowie verschiedenen, um das Zentrum gruppierten Wirtschaftstrakten.

Ein einmaliges Denkmal für das Verständnis frühmittelalterlicher Architektur ist der St. Gallener Klosterplan (94): der auf einem Kalbspergament von ca. 110 x 78 cm Größe gezeichnete Grundriß einer karolingischen Klosteranlage der Zeit um 820. In akribischer Genauigkeit wird hier dargestellt, was alles in jenen Jahren zu einem Kloster gehörte, wobei besonderes Gewicht auf einer höchst differenzierten Darstellung der Gebäude und Trakte für die wirtschaftlichen bzw. landwirtschaftlichen Grundlagen der Mönchsgemeinschaft lag. Eine solche Art von Bauzeichnung, die die Strukturen eines Architekturkomplexes mit nahezu maßstäblicher Genauigkeit wiedergibt, war in den nachantiken Kulturen bis zum 12. Jh. gänzlich unbekannt. Zugleich zeigt der St. Gallener Plan, die große Ausnahme, beispielhaft, wie sehr sich das damalige Verständnis einer Bauzeichnung vom modernen unterscheidet. Er diente nicht als Hilfsmittel im Bauprozeß, sondern war als ein ideales Muster gedacht: gewissermaßen als Strukturplan für das Konzept eines Klosters, dessen Schwerpunkte auf Andacht und Arbeit lagen – so wie es im 529 gegründeten Benediktinerorden (»ora et labora«, »bete und arbeite«) gepriesen wurde.

Bereits in den prähistorischen und antiken Hochkulturen hat es verschiedentlich Bauzeichnungen gegeben, angefangen mit den Sumerern in Mesopotamien. Auch hier dominierten

Grundrisse, die als höchst exakte, wie mit einem Lineal gezogene Linien meist in Tontafeln geritzt waren und vermutlich Orientierungshilfen für den Bauvorgang darstellten. Gegenstand solcher Zeichnungen waren nicht nur Sakral- und Grabanlagen, sondern auch einfache Wohnhäuser. In der altägyptischen Kultur wurde das Repertoire der Architekturzeichnung um den Aufriß und die Detailansicht erweitert und damit ein architektonisches *know-how* entwickelt, das bereits in der griechischen und römischen Kultur teilweise wieder verschwand. Aus der Archaik und Klassik sind gar keine Bauzeichnungen bekannt; hier herrschte eine Vermittlung von Bauplänen in Form der Schriftsprache, mittels inschriftlich überlieferter, nicht selten hochkomplizierter Bau-, Maß- und Versatzanweisungen vor. Konkrete Bauzeichnungen finden sich erst wieder in der hellenistisch-römischen Architektur: hier meist als Risse für bauliche Details und dabei selten auf ein externes Trägermaterial aufgetragen, sondern als filigrane, oft längst verwitterte und deshalb kaum mehr erkennbare Linienzeichnungen an den Bauwerken, etwa auf Wänden oder Fußböden (ein auch im mittelalterlichen Kirchenbau noch geläufiges Verfahren). Seit der Spätgotik im 12. Jh. wird die Bauzeichnung in der abendländischen Architektur zum Allgemeingut. Sie diente dabei zunächst, wie etwa der große Riß der Front des Straßburger Münsters (Abb. 91)

oder ein ähnlicher für das Westportal des Kölner Doms, zur Weitergabe präziser Designideen innerhalb der hier langfristig mit einem Projekt befaßten Bauhütten.

Bei der Beurteilung von Bauzeichnungen sind die diversen Funktionsbereiche, innerhalb derer die Zeichnungen Anwendung fanden, zu berücksichtigen; der jeweilige Funktionsbereich bestimmt dabei den Grad der Exaktheit und Präzision. Grobe Architekturskizzen oder visionäre Bilder sind Grundlage allgemeiner theoretischer Überlegungen oder der Entscheidungsfindung über wesentliche Merkmale des Bauwerks. Prunkvoll-exakte Pläne und Aufrisse mit ihren bisweilen raffinierten Illusionismen waren und sind hingegen meist Gegenstand der fortgeschrittenen Auseinandersetzung zwischen Architekten und Bauherren – dem Geldgeber soll hier der repräsentative Charakter »seiner« Architektur vor Augen geführt und dem Architekten ein Auftrag gesichert werden. Von eher nüchtern-technischer Art sind schließlich die eigentlichen Architektenzeichnungen (Grundrisse, Querschnitte, Aufrisse), die mit ihren unzähligen Maßeintragungen als Vorlagen und Dokumente für die Baudurchführung, die Abrechnung und bisweilen auch als Unterlagen für gerichtliche Auseinandersetzungen dienen; im Gegensatz zu den anderen Kategorien der Bauzeichnung ist hier eine exakte Maßstäblichkeit unverzichtbar.

Protagonisten der Renaissance-Architektur: Leon Battista Alberti und Andrea Palladio

Mit dem Begriff *rinascità*, von dem unser Wort Renaissance abgeleitet ist, wurde in Italien bereits unter den Zeitgenossen des 14. und 15. Jh. diejenige bildende Kunst und Architektur verstanden, die sich auf das Wiederaufleben der römischen Antike bezog – eine zunehmend auch in weltlichen Sphären dominante Kunst und Architektur, die in deutlichem Gegensatz zur klerikalen Vorherrschaft des romanischen Mittelalters stand. Gegenüber der weitgehend anonymen Romanik produzierte die Renaissance prominente Künstler und Architekten in großer Zahl, ein Phänomen, das in einem massiven Wandel der gesellschaftlichen, geistigen und ökonomischen Rahmenbedingungen seine Ursache hat (Humanismus); erstmals in der Geschichte findet sich in dieser Epoche die Idee vom Künstler- bzw. Architektengenie, das eigene Vorstellungen entwickelt und einem »inneren Drang« folgt (und nicht ausschließlich den Vorgaben eines Auftraggebers).

Die Renaissance ist zunächst ein auf Italien begrenztes Phänomen, verbunden mit dem politischen und wirtschaftlichen Aufblühen der Stadtrepubliken (Venedig, Florenz, Rom etc.). Erst später findet sich eine Renaissance – meist als ein Phänomen der Rezeption der Werke einzelner prominenter Renaissance-Architekten wie etwa Andrea Palladio – auch nördlich der Alpen. Eine echte Vergleichbarkeit mit der Renaissance Italiens bestand dabei aber wegen der sehr andersartigen historisch-politischen Rahmenbedingungen nicht. Die Renaissance in Italien verläuft in ihren Anfängen in etwa parallel mit der Gotik in Deutschland und Frankreich, die sie hier gewissermaßen ersetzt; Gotik findet sich in Italien nur in wenigen Spuren, meist als Details (etwa an Strebe- und Bogenfenstern, die ansonsten aber in Renaissance-Architekturen eingebunden sind). Mit Renaissance ist die Kunst etwa zwischen 1350 und 1520 gemeint. Ihr voran geht eine Protorenaissance (spätes 13. und frühes 14. Jh., z. B. der Palazzo Publico in Siena), und ihr folgt die Hochrenaissance bzw. der im Barock aufgehende Manierismus (zweite Hälfte des 16. Jh.).

Die Wiederentdeckung der Antike ist das Leitmotiv der Renaissance, sowohl in Malerei und Plastik als auch in der Architektur. Antike meint hier indessen allein die römische, nicht jedoch die griechische Antike. Die römischen Monumente waren in vielen Städten Italiens als vielbewunderte Ruinen allgegenwärtig, die griechische Antike lag seit der osmanischen Eroberung der südlichen Balkanhalbinsel hingegen wie hinter einem undurchdringlichen Vorhang verborgen (und war in jenen Jahren ein rein literarisches Ideal für Philosophen und Wissenschaftler; vgl. S. 116).

Eine Initialzündung für eine neue, die traditionellen Prinzipien der Romanik überwindende Architektur war die Wiederentdeckung der ›Zehn Bücher über Architektur‹ des Römers Vitruv, um die Zeitenwende entstanden und nun in Gestalt einer frühmittelalterlichen Abschrift in der Bibliothek des Klosters St. Gallen wieder präsent. Im Nu kursierten Abschriften, bald auch Übersetzungen. Besonders die Darlegungen zu den Säulenordnungen machten Furore, und alsbald setzte eine intensive Bautätigkeit ein, die auf diese antiken Baumuster, die sich an Hand der vorhandenen antiken Architektur überdies bestens nachvollziehen ließen, zurückgriff. Erster Protagonist einer solchen »vitruvianischen« Architektur war Leon Battista Alberti (1404–72, **95**). Als eines der frühesten »Universalgenies« der Renaissance (Alberti war nicht nur Architekt, sondern auch Dichter, Musiker, Naturwissenschaftler und zudem in seiner Jugend ein renommierter Sportler) befaßte sich der finanziell unabhängige Aristokrat mit den Prinzipien der Architekturtheorie (vgl. S. 98/99), studierte Vitruv sehr intensiv und verfaßte am Ende seines Lebens einen Vitruv aufs Engste nachempfundenen Traktat (›De re aedificatoria‹: »Über die

[95] Leon Battista Alberti. Portraitdarstellung auf einer Bronzemedaille von Pisanello

[96] Säulenordnungen der Antike, à la Vitruv akkurat übereinander- gestellt: unten dorische, darüber ionische, zu- oberst korinthische Pi- laster. Fassade des Pa- lazzo Rucellai in Florenz, 1446–51 nach Plänen von Leon Battista Alberti erbaut.

[97] Andrea Palladio. Portrait

Baukunst«, in ebenfalls zehn Bü- chern und in Vitruv nicht unähnlich gestelztem Latein verfaßt, Erstaus- gabe postum 1485). Alberti blieb Theoretiker, der mit seinem Wirken indessen die folgenden Architekten- generationen massiv beeinflußte. Nur wenige seiner Entwürfe wurden ausgeführt (und sind dennoch alle- samt Meisterwerke der Renaissance). Neben dem Motiv des antik-römi- schen Triumphbogens als Eingangs- portal für Kirchenbauten (z. B. San Andrea in Mantua) galt sein Haupt- interesse der Verwendung der anti- ken Säulenordnungen im Fassadenbau (z. B. am Palazzo Rucellai in Florenz, 96).

Im Gegensatz zu Alberti war, etwa 100 Jahre spä- ter, der Architekt Andrea Palladio (1508–80, 97) nicht nur Theoretiker, sondern in erster Linie Prakti- ker. Als ein Vertreter der Hoch- bzw. Spätrenaissance bündelte und »veredelte« Palladio in seiner Architek- tur gewissermaßen all das, was die Architektengene- rationen vor ihm formuliert hatten: Brunelleschi, Bramante, Michelangelo, Raffael, Sangallo, Filarete und viele andere. Weit über 100 Bauten Palladios sind bis heute erhalten, und vielfach hat er sich als Neuerer einen Namen gemacht. Nach ihm benannt ist das »Palladio-Motiv«, ein Arkadenfenster, bei dem der mittlere, überhöhte Bogen von zwei schmalen Öffnungen flankiert wird (Basilika von Vicenza). Neben zahlreichen öffentlichen Bauten in norditalie- nischen Städten sind vor allem seine Villen berühmt geworden; sie galten noch Jahrhunderte später als ideale architektonische Versinnbildlichungen der Spätrenaissance (98, 99).

Palladio war daneben auch schriftstellerisch aktiv. Aus seiner Hand stammte die erste fundierte Be- schreibung der antiken Monumente der Stadt Rom (›Le antichità di Roma‹, Erstausgabe 1554), die über

200 Jahre ein Standardwerk blieb; er illustrierte 1556 eine weitverbreitete italienische Vitruv-Übersetzung und veröffentlichte 1570 schließlich seinen eigenen, reich bebilderten **(99)** Traktat ›Quattro libri dell'architettura‹ (»Vier Bücher über Architektur«). Als Architekt wie auch als Theoretiker setzte Palladio Maßstäbe, zahlreiche glühende Verehrer (Vincenzo Scamozzi, Inigo Jones) hielten sein Architekturideal am Leben und wurden zu Begründern des Palladianismus, einer in Europa weit verbreiteteten, bis ins 19. Jh. hinein lebendigen Palladio-Rezeption (vgl. S. 94).

[98] Gartenfassade der Villa Cornaro in Piombino in Italien, nach Entwürfen Palladios ab 1553 errichtet

[99] Originaler Entwurf für die Villa Pisani in Montagnana; aus Palladios ›Quattro libri dell'architettura‹ von 1570

Palazzo, Kirche und Villa – Leittypen der Renaissance-Architektur

Die Renaissance-Architektur ist in ihren Grundzügen ausgesprochen rational und transparent strukturiert. Sie besteht aus einer Aneinanderreihung weniger klarer geometrischer Grundformen: Kreis, Quadrat und Rechteck im Grundriß, Kugel, Halbkugel, Würfel,

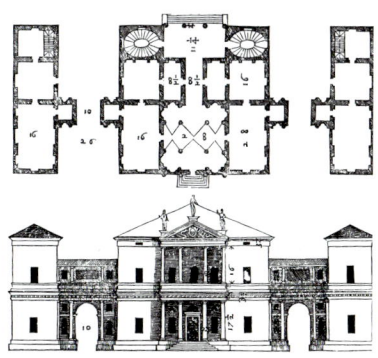

[100] Eine Idealstadt der Renaissance: Gemälde von Pietro della Francesca, ca. 1470. Die klar strukturierten Bauten erheben sich auf mathematisch-exakt gerastertem Terrain; die Kirche inmitten der palazzoartigen Häuser ist als antiker Rundtempel gestaltet. Idealstädte solcher Art wurden seit der Renaissance verschiedentlich realisiert; am bekanntesten ist die sternförmig angelegte Festungsstadt Palmanova bei Udine in Norditalien, ab 1593 nach Plänen von Vincenzo Scamozzi erbaut.

Quader und Zylinder im Bauvolumen. Das Ganze ist in durchdachter Weise proportioniert, bisweilen regelrecht von Theorie durchdrungen (vgl. S. 98); die verschiedentlich überlieferten Versuche, mit visuell-zeichnerischen, nicht selten auch realarchitektonischen Mitteln eine »Idealstadt«, eine ideale Kombination all dieser Elemente zu erzeugen, macht dies hinlänglich deutlich (100). Verbunden sind diese Grundformen mit antikisierenden Motiven: Säulen, Pilaster und Kapitelle in den verschiedenen Bauordnungen, Triumphbogenmotiv und überkuppelte Säle sind Verweise auf die antik-römische Architektur. Auch das Äußere der Bauten sollte an die Antike erinnern: Hier dominierte eine massive Quaderbauweise, oft verbunden mit einer markanten Rustizierung der Sockelgeschosse, bei der die Quader nicht geglättet, sondern als Buckel ausgebildet erscheinen und dem Bauwerk einen wehrhaft-trutzigen Charakter verleihen (101).

Es sind drei herausragende Architekturtypen, die die Baukunst der Renaissance bevorzugt hat. Der Palazzo als ein Bautyp (101) ist unmittelbares Produkt der politischen, ökonomischen und sozialen Struktur der norditalienischen Stadtstaaten der Zeit ab 1200. Er findet sich in zwei funktional voneinander scheidbaren Grundformen: als großzügig dimensioniertes öffentliches Bauwerk (meist in der Funktion des Rathauses) oder als privater Residenzbau eines städtisch-aristokratischen Clans. Viele Städte Norditaliens sind durchsetzt mit solchen Bauten, die mit ihren meist dreistöckigen Kubusformen – dem rustizieren Sockelgeschoß, dem darauf aufliegenden *piano nobile* (dem herrschaftlichen Wohntrakt) und einem abschließenden, niedrigen dritten Geschoß – noch heute wie Visitenkarten der lokalen Aristokratie wirken. Der Bautyp des Palazzo hatte einen zweiten Höhepunkt im Barock des 17. und 18. Jh.: nun, wie etwa im bourbonischen Neapel, als ein gewaltiger, um einen Hof herum errichteter und über ein kompliziertes Treppenhaus erschlossener Quaderbau, der nicht mehr nur einem Adelsclan als Residenz diente, sondern auch – gewissermaßen als Kapitalanlage – zahlreiche Mietwohnungen enthielt.

Besonderer Stellenwert kam dem Kirchenbau zu. Der Reichtum der Städte war zugleich auch der Reichtum des Klerus; die nahezu unbegrenzten finanziellen Möglichkeiten waren die Grundlage für Kirchenbauten von ungeheurer Dimension und von unabsehbarer zeitlicher Dauer des Bauvorgangs. Generationen von Architekten fanden hier Arbeit; nicht selten wurde die Leitung eines Kirchenbaus vom Vater an den Sohn weitergegeben. Markenzeichen des Kirchenbaus der Renaissance ist einerseits die bis ins letzte Detail durchgestaltete Prunkfassade, darüber hinaus dann die Kuppel, ein aus der römischen Antike entnommenes Motiv, das sich am Pantheon in Rom (2. Jh. n. Chr.) in idealer Form verwirklicht fand. Gerade das Motiv der Kuppel bot Raum für Neuerungen, für Experimente und konnte dabei Garant für ewigen Architektenruhm sein. Filippo Brunelleschis waghalsige Überkuppelung des Doms von Florenz, zwischen 1418 und 1436 als Kuppel über oktogonalem Grundriß realisiert, wurde zum Maßstab aller Renaissance-Architekten. Prototyp der Renaissance-Kuppel wurde die unter Michelangelos Bauleitung errichtete Rundkuppel des Petersdoms in Rom (102).

[101] Der Palazzo Medici in Florenz, 1444–64 von Michelozzo di Bartolommeo (1396–1472) erbaut, ist der Prototyp des dreistöckigen Stadtpalazzos mit rustiziertem Sockelgeschoß.

Sie kopiert das römische Pantheon im Durchmesser, variiert jedoch den Querschnitt, indem sie nicht als echte Halbkugel ausgeformt ist (und dabei in ihrer Stichhöhe dem überkuppelten Raumdurchmesser entspricht), sondern gegenüber dem Raumdurchmesser stark überhöht und (anders als beim Pantheon) auch nach außen als markante, weithin sichtbare Bauform in Erscheinung tritt: ein Topos der Renaissance-Architektur, der später vielfach zitiert werden wird – in Gestalt der barocken Kuppel von St. Paul's Cathedral in London ebenso wie in der des klassizistischen Washingtoner Kapitols.

[102] Die Kuppel des Petersdoms erreicht über einem Durchmesser von 42 m eine Stichhöhe von 132 m. Unter der Bauleitung von Michelangelo (1475–1564) nach 1547 als Variation eines Entwurfs von Bramante entstanden

Nicht nur in Äußerlichkeiten wie etwa Bau- und Bildformen, auch in Fragen des Lebensstils nahm die Renaissance auf die Antike Bezug. Die in antiker Literatur vielfach überlieferte Lebenswelt der Aristokratie mit einem prächtigen Stadthaus und einer der Entspannung und Muße dienenden Villa vor den Toren der Stadt geriet den Wohlhabenden zum unmittelbaren Vorbild. Wie einst in der Antike, so war auch in der Gegenwart neben dem Stadtpalazzo eine bequeme Landvilla als ultimativer Fluchtpunkt aus der städtischen Hektik notwendig. Der Bau solcher Landvillen mit ihrem bisweilen exorbitanten baulichen Luxus, ihren kunstvoll gestalteten Gärten, ihrem »natürlichen« Ambiente war eine weitere herausragende Bauaufgabe für die Architekten der Renaissance. Im engeren Umkreis fast aller norditalienischen Städte finden sich solchen Villen zu-

[103] Die Palladio-Brücke in Prior Park in Bath, England

hauf; als ein Meister des Villenbaus galt Andrea Palladio (s. S. 87). Die Villa als Bauwerk und als Lebensform zugleich – selten ist die Antike derart umfassend rezipiert und dabei zum Maßstab aktuellen Lebens erhoben worden wie in der *villeggiatura* der italienischen Renaissance.

Sonderwege der Renaissance: Englische und französische Schlösser des 16. Jh.

Weder Renaissance noch Barock – die in Frankreich und England im 16. Jh. weit verbreitete, in renaissancesken Formen und zugleich erheblicher regionaler Tradition verhaftete Repräsentationsarchitektur, die sich überwiegend im Bau von Schlössern und aufwendigen Landsitzen manifestierte, wird in der modernen Architekturgeschichte auf sehr verschiedene Weisen den kunsthistorischen »Leitepochen« zugeordnet. Zumindest aus historischer Sicht erscheint es sinnvoll, dies in ein Kapitel über die Renaissance einzubeziehen, aus sozialgeschichtlicher Sicht hingegen trifft eine Eingliederung dieser weitgehend im absolutistischen Königtum verwurzelten Bauphänomene in den Barock (vgl. S. 100) kaum weniger zu.

Die französischen »Renaissance«-Schlösser rund um Paris und entlang des Loiretals, dem bevorzugten Jagdgebiet des Hofstaates, sind insofern von der Renaissance der oberitalienischen Städte beeinflußt, als der französische Hof unter Franz I. (reg. 1515–47) und Heinrich II. (reg. 1547–59) eben von hierher Anregungen für die Möglichkeiten bezogen hatte, Architektur als Mittel der Selbstdarstellung, als ein symbolisches Medium herrschaftlicher Repräsentation zu nutzen. Der soziale Kontext war indessen ein völlig anderer: Keinen Stadtrepubliken mit einer im weitesten Sinne pluralistischen, miteinander wetteifernden Adelsgesellschaft galt es Ausdruck zu verleihen, sondern dem eigenen königlichen Glanz.

[104] Schloß Chambord im Tal der Loire, zwischen Tours und Orléans gelegen, kombiniert den Stil des luxuriösen Landschlosses mit dem mittelalterlichen Festungsbau im innereren Kern. Errichtet zwischen 1519 und 1559, Ansicht der Gartenfassade

Fast alle Schlösser dieser Zeit entstanden in unmittelbarem Zusammenhang mit dem Pariser Hof, entweder direkt im Auftrag der Könige oder mittelbar im Auftrag höfischer Aristokraten (und dann dennoch meist im Namen des Herrschers und zum Ruhm des mit Burgund konkurrierenden Frankreichs). Selten waren die Bauten so groß dimensioniert und überreich architektonisch dekoriert wie Schloß Chambord (104), im Auftrag von Franz I. seit 1519 erbaut. Die Châteaus und Palais waren eigentlich eher architektonische Kleinodien (und nicht Megalomanien) wie die berühmten Bauten von Blois, Fontainebleau oder Chenonceau.

Mit maximal prunkvollem Baudekor ausstaffiert, erwiesen sie sich im Grundriß als eher klein und schlicht. Meist von quadratischer Form, umschlossen sie einen kleinen Innenhof, die Ecken flankierten Rundtürmchen mit kegelförmigen Dächern. Wohn-, Repräsentations- und Wirtschaftsräume waren durch ihren jeweils unterschiedlichen Bauaufwand klar voneinander unterschieden. Unverzichtbares Requisit war ein reich bepflanzter Ziergarten. Die französische Schloßbaukunst des 16. Jh. läßt sich, jenseits historischer Argumente, insgesamt nur in baulichen und konzeptionellen Details der Renaissance zuordnen; im Grundsatz entstammt sie eher der Gotik. Der »Typus« des verschnörkelten französischen Landschlosses findet sich als »nationale Ikone« bereits in Schriften des 14. und 15. Jh. zahlreich abgebildet und verweist auf eben diese Tradition (**105**).

Ebenfalls – und ebenso strittigermaßen – der Renaissance zugerechnet wird die Architektur des elisabethanischen England. Auch hier verbirgt sich hinter dem Glanz einer kontinuierlichen Herrschaft (Elisabeth I., reg. 1558–1603) und der damit einhergehenden ökonomischen Prosperität zunächst wenig mehr als eine hochrepräsentative Ausformung nationaler Bautraditionen, was mit der italienischen Renaissance wenig zu tun hat (und auch hier eher ein Phänomen der – nunmehr britischen – Gotik ist).

Kern der »Englischen Renaissance« ist der Tudorstil, benannt nach der Herrschern des Hauses Tudor (allen voran Heinrich VIII., reg. 1509–47). Dahinter verbirgt sich ein markant-ornamentaler Stil der Backsteinbautechnik. Backstein war zum einen die englische Alternative zum hier allgegenwärtigen Holz-

[105] Das Schloß als nationales Symbol Frankreichs: Château Saumur an der Loire im gotischen Gewand als akkurate Illustration im Stundenbuch des Duc de Berry, um 1480

[106] Schloß Longleat in der Grafschaft Wiltshire, im Stil der Renaissance und in der Backsteintechnik der Tudorzeit ab 1572 erbaut

mangel, zum anderen ein Material, das sich wegen seiner Kleinteiligkeit ideal zur ornamentalen Formung von Baustrukturen eignete. Berühmtester Tudorbau, der zugleich die ornamentalen Möglichkeiten der Bautechnik wie aber auch die Herkunft des Stils aus der Gotik zeigt, ist Schloß Hampton Court östlich von London, unter Heinrich VIII. in den 1530-er Jahren begonnen. Das Muster elisabethanischer Renaissance in England verkörpert demgegenüber, in der Art eines gewollten Kontrastes bei grundsätzlich gleicher Bautechnik, das im Stil eines norditalienischen Renaissance-Palazzos (vgl. S. 87) erbaute Schloß von Longleat in Wiltshire – ein perfekt proportionierter, dreistöckiger Baukörper mit Attika-Brüstung, der sich auf nahezu klappsymmetrischem Grundriß erhebt (106).

Palladianismus in Europa und den USA – Die Wirkungen der Renaissance

Wohl kaum ein historischer oder gegenwärtiger Architekt kann für sich in Anspruch nehmen, eine auch nur halbwegs mit Andrea Palladio vergleichbare Wirkungsgeschichte zu haben. Unsterblich machten ihn nicht allein seine zahlreichen Bauten, sondern auch seine Schriften, in denen er seine architektonischen Ideen weit über Italien hinaus verbreitete. Noch zu Lebzeiten und erst recht nach sei-

nem Tod wurde Palladio zum vielbewunderten Star-
architekten – zum Impulsgeber für das, was die
moderne Architekturgeschichte Palladianismus
nennt. Ein großer Bewunderer Palladios war der
Engländer Inigo Jones (1573–1652). 1613 bereiste er
Italien und studierte dabei über mehrere Monate die
Bauten Palladios in Norditalien ebenso wie die antiken Ruinen Roms. Inigo Jones transportierte den Stil
Palladios nach England, wo er in zwei herausragenden Bauten, dem Queens House in Greenwich
(1629–35) und dem Banqueting House in Whitehall
(1619–22, **107**) die verbindlichen, in der Folge vielfach wiederholten und variierten Muster englischer
Palladio-Rezeption erstellte. In praktisch seinem
gesamten Œuvre blieb Jones seinem Vorbild Palladio
treu, und sein in England weithin beachtetes Wirken
führte dazu, daß dieser Stil von der auf Jones folgenden Architektengeneration adaptiert wurde. Der Palladianismus wurde so zu einer wichtigen Wurzel des
englischen Barockstils, wie er von Christopher Wren,
Nicholas Hawksmoor und John Vanbrugh im 17. und
frühen 18. Jh. formuliert wurde.

   Auch außerhalb Englands wurde Palladio im
17. Jh. intensiv rezipiert. Der Augsburger Stadtbaumeister Elias Holl (1573–1646) schuf zahlreiche Bauten in enger
stilistischer
Anlehnung an
Palladio; als
eines seiner
Meisterwerke
gilt das viel-
geschossige,
mit einer
Prunkfassade
versehene Augs-
burger Rathaus
(**108**). Palladia-
nische Architek-
tur entstand, in

[107] Inigo Jones, Ban-
queting House in White-
hall, London, erbaut
1619–22. Rustiziertes
Sockelgeschoß, zwei-
stöckiger Aufbau und
repräsentative Dachatti-
ka sind palladianische
Baumuster.

[108] Elias Holl, das Augsburger Rathaus. Rekonstruktion der 1960er Jahre des im Zweiten Weltkrieg vollständig zerstörten Bauwerks

jeweils verschieden ausgeprägter Vermischung mit regionalen Besonderheiten, im 17. Jh in ganz Europa: Villen, Schlösser und öffentliche Bauten in Polen und Preußen ebenso wie in Schweden, Dänemark oder Finnland.

Eine zweite Stufe der Palladio-Rezeption ist die »Wiederentdeckung« der im verschwenderischen Prunk des Barock alsbald in Vergessenheit geratenen Bauten der Palladianisten des 17. Jh. – dieser »Neo-Palladianismus« bildet eine Frühfrom des auf die Antike hin orientierten Klassizismus (vgl. S. 114f.). Die architekturgeschichtlich höchst bedeutsame Phase umfaßt die erste Hälfte des 18. Jh. und geht der Wiederentdeckung der Antike Griechenlands voraus. Auch hier kamen die Impulse zunächst aus England; verbunden mit dem Neo-Palladianismus sind die Namen von Lord Burlington (1694–1753) und Colen Campbell (1676–1729). Besonders Campbell wurde berühmt für seine klassizistischen, an der Antike gleichermaßen wie an den Werken Palladios und den Mustern der italienischen Renaissance orientierten Landhäuser und Villen. Sein reich illustrierter Traktat ›Vitruvius Britannicus‹ (Erstausgabe 1715) wurde im frühen 18. Jh. zu einer Art Lehrbuch zeitgemäßen Bauens.

Als eine nobilitierende architektonische Geste übertrug sich dieser Neo-Palladianismus auf frühe Bauten in den nach Unabhängigkeit strebenden englischen Kolonien Nordamerikas. Klassizismus dieser Art war hier begründet in der Ambition, dem eigenen Tun den Anschein von Tradition und Geschichte zu verleihen. Nur zum kleineren Teil wurde der amerikanische Klassizismus den englischen Vorbildern entnommen; bedeutender war hier die Baugeschichte Frankreichs mit ihrem zwischen Renaissance und römischer Antike changierenden Barock-Klassizismus. Als ein Leon Battista Alberti vergleichbares, also quasi der Renaissance unmittelbar entstiegenes »Universalgenie« galt Thomas Jefferson, dessen architektonische Tätigkeit nicht unmittelbar von Palladio inspiriert war, sondern seiner umfangreichen Bibliothek entstammte. Seine Bauten (u. a. das Richmond State Capitol, sein Landsitz Monticello sowie die University of Virginia bei Charlottesville) verweben auf sehr komplexe Weise eine Form des Neo-Palladianismus, den französischen Renaissance-Barock und einen englischen Frühklassizismus zu einer amerikanischen Pseudo-Traditionsarchitektur (**109**), die Höhe- und Endpunkt der Palladio-Rezeption zugleich ist.

[109] Die Bibliothek der Universität von Charlottesville, in palladianischem Stil nach Plänen von Thomas Jefferson 1817–26 erbaut

Bauen als reflektierte Handlung: Die Architekturtheorie

Unter Architekturtheorie versteht man heute im Sinne einer lexikalischen Definition das Bestreben, die der Architektur zugrundeliegenden formalen wie semiotisch-symbolischen Gesetze normativ zu erfassen und vorbildhaft zu formulieren. Architekturtheorie speist sich dabei einerseits aus konkreten, historisch überlieferten Bauvorschriften und Bauanwendungen (z. B. hinsichtlich religiöser Symbolik oder in bezug auf Konstruktions- und Proportionsnormen), darüber hinaus aus philosophischen und ästhetischen Aspekten, wobei das Ziel immer darin besteht, ein Ideal zu formulieren und zu begründen. Architekturtheorie ist im Medium der Schriftsprache bzw. der visuellen, meist zeichnerischen oder modellhaften Darstellung von Architektur angesiedelt, nicht jedoch Teil der realen Baukunst; die Grenze zur in diesem Sinne grundsätzlich analogen Architekturphantasie ist dabei stets fließend (vgl. S. 126).

Erste Ansätze einer Architekturtheorie finden sich in der klassischen Antike zumindest insoweit, als hier erstmals (wegen Überlieferungslücken im Detail aber kaum bekannte) schriftliche Abhandlungen von Architekten bezeugt sind: entweder über ihre eigenen Bauten oder aber – häufig in Form der Kritik – über die anderer. Zu den Pionieren zählten Theodoros von Samos sowie Chersiphron und Metagenes – Architekten des 6. Jh. v. Chr., die mit den großen ionischen Tempelbauten Kleinasiens (Artemis-Tempel von Ephesos; Hera-Tempel von Samos) zu verbinden sind. Waren deren Schriften in der Regel Darstellungen und Rechtfertigungen der eigenen Bauentwürfe, so gewinnen die Aufzeichnungen spätklassisch-hellenistischer Architekten (Hippodamos, Pytheos, Hermogenes u. a.) mit ihren grundsätzlichen Überlegungen zu einer idealen Form (*symmetria*) bereits den Charakter genereller Theorie. Vollständig erhalten und der Höhepunkt antiker Architekturtheorie ist das enzyklopädisch angelegte Werk des römischen Architekten Vitruv, dessen ›Zehn Bücher über Architektur‹ um die Zeitenwende entstanden und die erstmals für die Architektur den Rang einer Kunst (*ars*) einforderten.

Vitruvs Werk wurde seit dem 12. Jh. zum Vademekum aller Architekten, geriet in der Renaissance dann, in einer Vielzahl von übersetzten und zugleich reich illustrierten Ausgaben, zum Grundstein aller Versuche, Architektur zu verwissenschaftlichen und zu systematisieren. Angefangen mit Alberti (vgl. S. 84), schrieb nun jeder Architekt, der etwas auf sich hielt, mindestens einen architekturtheoretischen Traktat, nicht selten mit dem Problem der Säulenordnungen und der proportionalen Analogien von Architektur und menschlichem Körper im Zentrum, und fügte dem Werk möglichst zahlreiche Abbildungen bei –

ob Serlio, Vignola, Filarete und Scamozzi in Italien oder Ryff, Blum und
Ditterlin nördlich der Alpen. Rasch
gerieten, neben dieser Auseinandersetzung mit den formalen und proportionalen Maximen der antiken
Architektur, auch praktische Bedürfnisse ins Zentrum der Architekturtheorie. An geometrischen Figuren
orientierte »Idealgrundrisse« ebenso wie beispielhaft proportionierte
Detailformen bildeten erste Vorläufer der seit dem späten 18. Jh. dann
zunehmend weit verbreiteten und
besonders auch in Kreisen von Ama-
teurarchitekten geschätzten »Musterbücher« architektonischer Grundformen. Hier wie dort waren Kopie
und Variation einmal vorhandener
Zeichnungen üblich, ein Urheberrecht im heutigen Sinne gab es
nicht. Und so fanden etwa die Zeichnungen eines Palladio oder Serlio,
als getreue Durchpausungen oder
aber als phantasievolle Variationen,
in den Architekturbüchern des 16.
bis frühen 19. Jh. weite Verbreitung.

Solchen praktischen Bedürfnissen
weitestgehend abgewandt war die
französische Architekturtheorie der
Zeit des Absolutismus, die hier
einen gewissen »retardierenden«
Sonderweg nahm (der später jedoch
enorm folgenreich werden sollte).
Délorme, Pérrault oder Blundell
sind Vertreter dieses »Akademis-
mus«, begründet einerseits in der
Tatsache, daß Architektur in Frankreich als Wissenschaft ein Teilgebiet
der Académie Française war, andererseits darin, daß hier der Versuch
unternommen wurde, die architektonischen Normen der italienischen
Renaissance mit einer nationalen
Architekturkomponente zu verbinden. Im Vordergrund standen hier
zunächst Bauten, die in dogmati-
scher Weise den funktionalen und
repräsentativen Ansprüchen des
Absolutismus genügten: Architektur
war eine höfische Kunst. Dieser star-
re Maßstab führte jedoch zugleich
zu Überlegungen über Architekturformen für weniger privilegierte
gesellschaftliche Gruppen und
damit am Ende weg von der unre-
flektierten Verhaftung der Architektur in der antik-römischen Tradition
eines Vitruv. Der französische Dog-
matismus in der Architekturtheorie
wandelte sich um die Mitte des
18. Jh. hin zu einem innovativen
Denkansatz, der den auf antik-griechische Form- und Funktions-
traditionen bezogenen Klassizismus
(vgl. S. 114) mit begründete (u. a.
Laugier).

Mit der Kritik des Historismus
und später des Jugendstils an den
Normen der architektonischen Vergangenheit, besonders an denen des
Klassizismus, hat sich die Architekturtheorie explosionsartig verästelt.
Praktisch jede neue Architekturströ-
mung von der Mitte des 19. Jh. bis
in die unmittelbare Gegenwart geht
mit einer Theoriebildung einher, die
die jeweilige Strömung legitimiert,
begründet und gegen Gewesenes
oder Konkurrierendes abgrenzt.

König, Adel und Klerus:
Der Barock und sein historischer Kontext

»Der Barock spricht dieselbe Sprache wie die Renaissance, aber einen verwilderten Dialekt davon. Die
antiken Säulenordnungen, Gebälke, Giebel usw. werden mit einer großen Willkür auf die verschiedenste
Weise verwertet ..., manche Architekten komponie-
ren in einem beständigen Fortissimo ... In Ermange-
lung einer organischen Bekleidung verlangt man von
dem, was in der Renaissance ... Dekoration war, daß
es Kraft und Leidenschaft ausdrücke; man will dies
erreichen durch Derbheit und Vereinfachung ... Eine
nahe Folge dieser Derbheit war die Abstumpfung des
Auges ... Die Bauglieder kommen in Bewegung; hauptsächlich die Giebel beginnen ... sich zu brechen, zu
bäumen und in allen Richtungen zu schwingen ... Es
sind Fieberphantasien der Architektur.«

Mit solch wenig schmeichelhaften Worten
beschrieb der Schweizer Kunst- und Kulturhistoriker
Jacob Burckhardt in seinem 1855 erschienenen
›Cicerone‹ den Barockstil und formulierte damit ein
Negativurteil, das er selbst zwar im Lauf der Jahre
revidierte, das sich aber unter Kunstsinnigen als
Geschmacksurteil bis in die jüngste Vergangenheit
tradiert hat und erst in den letzten Jahren, etwa im
Zuge der Tiepolo-Begeisterung, in eine grundsätz-
lich positivere Sicht gewendet wurde.

Barock – das ist der Stil des späten 16. bis mittleren 18. Jh., geprägt von expressivem Pathos und
Ornamentreichtum, von geschwungenen Linien und
Licht- und Schatteneffekten, von überbordendem
Dekor, vergoldetem Stuck, schwebenden Putten und
Farbenpracht (110). Barock ist nach heutigem Verständnis nicht allein ein Stil von Architektur, Plastik
und Malerei, sondern eine universelle Kultur-
erscheinung, die Musik, Theater und Mode ebenso
einschloß wie Möbeldesign, Buchillustration und
Literatur. Diese Universalität, aber auch der seltsam
eklektische Formenkanon dieses Stils ist, und das
wiederum hat Jacob Burckhardt als einer der ersten

erkannt, nun etwas vollkommen Neues in der abendländischen Kulturgeschichte. Man kann über die Ästhetik des Barock, über seinen Blendwerkcharakter, über seine Funktion als imposante Kulisse kontrovers diskutieren, man muß aber anerkennen, daß hier erstmalig die normative Kraft der Antike, wie sie die Kunst der Renaissance im 15. und 16. Jh. zuletzt verbindlich formuliert hatte, beinahe radikal überwunden wird.

[110] Pionierbau des Barock: Giaccomo Barozzi da Vignolas Kirchenfassade von Il Gesù in Rom, seit 1568 erbaut, wird zum Prototyp barocker Fassaden mit ihrem geschwungenen Aufbau.

Der Barock ist unmittelbares Resultat des Absolutismus und geht mit dieser historischen Epoche Hand in Hand. Er ist die Versinnbildlichung von Opulenz, von Reichtum, von Herrschaft der oberen Stände. Insofern spiegelt er mit seinen Bauten und Bildern die Sozialstrukturen seiner Zeit, vor allem aber auch die enge Verzahnung kirchlicher und weltlicher Macht: Nicht von ungefähr sind es Kirchen- und Klosterbauten mit ihren Interieurs, die neben Schlössern, Residenzen, höfisch-prunkvoller Ausstattungskunst sowie profanen Repräsentationsbauten aller Art die Schwerpunkte des Stils bilden. Die Träger dieser Barockkultur sind dementsprechend Hof, Aristokratie und Klerus.

Noch in einem anderen Sinne aber ist der Barock ein Spiegel des Absolutismus, ja als Stil selbst absolutistisch-autoritär: In einmaliger Weise entwickelt hier ein Kunst- und Dekorationskonzept einen Alleinvertretungsanspruch, duldet keine Konkurrenz neben sich. Der Barock wird zum großen Gleichmacher. Kaum eine Kirche, sei sie noch so alt und ehrwürdig, blieb verschont; alles Alte wird nun umgebaut, »barockisiert«. Mindestens das Interieur, allzu oft auch die Außenfassaden werden radikal in der »neuen Art« umgestaltet: geschwungene Giebelfassaden und Gesimse werden vorgeblendet, die schlan-

ken Säulen, die die Kirchenschiffe im Innern trennten, zu massigen und reich profilierten Pilastern umgeformt (und die Säulen dabei regelrecht verbaut), Tonnengewölbe und Kuppeln integriert, Profile aus vergoldetem Marmorstuck, Halbsäulchen und schwebende Engel hinzugefügt, Wände mit farbigen Steinplatten verblendet (III). Romanisch-langobardischen wie gotischen Bauten, selbst Architekturen der Renaissance wurde durch diese massiven Eingeriffe ihr Gesicht, ja ihre Geschichte genommen.

[111] Der Barock als »Gleichmacher«: die 1755 in spanisch-barockem Stil umgestaltete, ursprünglich gotische Kirche Santa Maria del Carmine in Neapel. Die wenigen erhaltenen Überreste der Gotik sind nur noch für den Fachmann erkennbar; es dominiert der Dekor des Barock.

Der Barock hat seit dem späten 16. Jh. regional sehr unterschiedliche Ausprägungen erfahren. Keimzelle ist der Manierismus der Spätrenaissance in Italien. Entsprechend den politisch-historischen Konstellationen finden sich in Süditalien zumindest in der Architektur seit dem 17. Jh. jedoch überwiegend Elemente der überladen-klobigen spanischen Spielart (Pilarkathedrale von Saragossa; Santiago di

[112] Österreichischer Barock: das Benediktinerstift Melk, hoch über der Donau, 1702–46 von Jakob Prandtauer erbaut

Compostella). Nördlich der Alpen begegnet eine luftig-leichte, lichtdurchflutete Barock- und später Rokoko-architektur, besonders in Süddeutschland (u. a. Würzburger Residenz; Wieskirche bei Steingaden) und Österreich (112). Wieder anders geartet ist der Barock in Frankreich; hier dominiert, ähnlich wie auch in England, ein in der klassizistischen Tradition der Renaissance verhafteter Formenkanon (113).

[113] Englischer Barock: St. Paul's Cathedral in London, 1675–1710 von Sir Christopher Wren erbaut

Mehr Schein als Sein: Gestaltungstechniken des Barock

Ein markantes Kennzeichen des Barock besteht in den bis an die Grenzen des Illusionismus reichenden Gestaltungstechniken und der Verwendung von optisch täuschenden Materialien, besonders im Bereich der Innenausstattung. Betritt man eine Barock- bzw. Rokokokirche wie etwa die Hauptkirche des Benediktinerklosters Ottobeuren im Unterallgäu (114), so wirkt die Pracht des Dekors zunächst schier

[114] Das Innere der Klosterkirche von Ottobeuren: eine Innenausstattung des Spätbarock, 1. Hälfte 18. Jh.

[115] Balthasar Neu-
mann. G. B. Tiepolos
Portrait im Deckenfresko
der Würzburger Residenz

überwältigend: Buntmarmore, Reliefarbeiten, metal-
lisch blinkender Zierat und akkurate Gemälde in
einer das Auge erschlagenden Fülle. Erst wer einer
solchen barocktypischen Ausstattung prüfend nahe-
tritt, wird das Blendwerk bemerken: Nicht Buntmar-
mor, sondern kunstvoll gestaltete Holzverkleidun-
gen dominieren. Die präzise gemeißelten Reliefs
wie auch die Details der Architekturornamentik ent-
puppen sich als gefärbter Stuck oder Holzschnitze-
rei, das Metallische als Holz oder ebenfalls als Stuck,
mit Metallfarbe, allenfalls einer hauchdünnen
Schicht Blattgold oder einer minimalen Versilberung
appliziert. Und auch die von Ferne so imposanten
Malereien zeigen von nahem ihren derben, groben
Duktus – mit perspektivischen Tricks und Farb-
schichtungen allein auf Fernwirkung, auf die Täu-
schung des Auges bedacht.

Natürlich gibt es zahlreiche Barockbauten, bei
denen die hier angeführten Ausstattungsdetails
»echt«, also zumindest aus dem Material waren, das
optisch so markant in Erscheinung tritt. Und dennoch gab es, mindestens in der Einschätzung der
Zeitgenossen, kaum einen Unterschied zwischen
»echt« und einem gelungenen »Imitat«; das
augentäuschende Imitat selbst war, wie das *trompe-
l'oeil* in der Malerei, nun die Kunst, für die man bald
mehr Geld zu zahlen bereit war, als eine ähnliche
Ausstattung in echten Materialien gekostet hätte.
Der Barock hat zahlreiche Berühmtheiten hervorgebracht, die sich meisterlich auf diese Blendwerk-
Techniken, diese Imitate verstanden. Im süddeut-
schen Barock nehmen etwa die Wessobrunner Stuk-
kateure, vor allem Mathias und sein Sohn Johann
Schmuzer (2. Hälfte 17. Jh.) und die an sie anschließende Schule (u. a. Johannes Schütz und die
Familien Winkler und Üblher, 1. Hälfte 18. Jh.) eine
herausragende Stellung ein.

Unterstützt wurde das Barockblendwerk im Raum-
inneren durch eine raffinierte, durchdachte Lichtführung. Kirchen, aber auch die meisten profanen

Repräsentationsbauten des Barock waren durch offensichtliche oder aber auch dem Auge zunächst verborgene Fenster opulent mit Tageslicht versorgt. Besonderer Wert wurde hier auf Streiflicht gelegt, das den durch Raumtiefe geprägten Reliefcharakter der Dekoration mittels Licht- und Schattenspielen besonders zur Geltung kommen ließ. Nicht selten bestimmte dieser Umstand und nicht etwa Gründe der Tradition die Ausrichtung der Bauten auf den Sonnenstand.

Ein in den Formen und Gestaltungsweisen ähnlicher Dekorativismus in nunmehr zwar wetterfester, dabei meist aber ebenfalls nicht »materialechter« Form findet sich an zahlreichen barocken Bürgerhäusern als äußerer Dekor angebracht – Stadthäuser eines wohlhabenden Bürgertums von nicht hocharistokratischer Herkunft, das sich mittels solcher Bauten innerhalb der Städte immerhin als eine ökonomische, wenn auch nicht politisch-soziale Elite darstellen konnte. Gute Beispiele finden sich in einigen weitgehend geschlossen erhalten gebliebenen barocken Stadtbildern, etwa in Prag (116).

[116] Prag, Barockfassaden am Kleinen Ring

Die »Großen Drei« des Schloßbaus – El Escorial, Versailles und die Reggia von Caserta

Neben der Kirchenarchitektur gilt die Schloßbaukunst als der weltliche »Höhepunkt« der Baugeschichte der Barockzeit. Die »Großen Drei«, Escorial bei Aranjuez, Versailles bei Paris und die Reggia von Caserta nahe Neapel haben hier den Rang von »Musterstücken« erhalten: El Escorial, im 16. Jh. entstanden, als »Knospe«, Versailles (17. Jh.) als »Blüte«, Caserta (18. Jh.) als »Verfall« des barocken Residenzbaus. Eine solche Sichtweise, selbst wenn sie in Einzelheiten plausibel ist, limitiert jedoch das Gesamtverständnis von solchen Palästen in hochproblematischer Weise auf eine formale Dimension. Architekturkomplexe wie diese sind nicht allein und auch nicht in erster Linie als »Kunstwerke« zu

[117] Ein Musterstück frühbarocken Schloß-baus: El Escorial bei Madrid

betrachten und mit einem kunstimmanenten »Entwicklungsbegriff« zu beschreiben, sondern unter einer sozial- und gesellschaftshistorischen Perspektive zu sehen. In einer solchen Sicht gleichen sich El Escorial, Versailles und die Reggia von Caserta nun aufs Haar: Es sind ins Gigantische gesteigerte Trophäen der absolutistischen Auspressung einer Region – eine gemessen an den realen Bedürfnissen der damaligen Menschen ungeheure Verschwendung von Arbeitskraft, Material und Landschaft an eine Kulisse, die den Inszenierungen eines Hofstaates diente. Dieser bestand aus Adelscliquen, die in ihren Loyalitäts- und Ehrbezeugungen gegenüber dem König in grenzenlosem Opportunismus miteinander wetteiferten und meist von Lehensgaben des Königs, also auf Kosten Dritter, lebten und hier nur wenig mehr taten, als ihre dem Land und der bäuerlichen Bevölkerung abgepreßte Grundrente in möglichst spektakulärer Weise zu verzehren. In diesem Sinn ist etwa die Reggia von Caserta nun gewiß nicht als Niedergang zu verstehen, sondern – ganz im Gegenteil – vielleicht sogar als der unübertroffene Höhepunkt absolutistischer Beutementalität. Feinsinnige Beschreibungen mit ziseliertem kunsthistorischen Fachvokabular sind, selbst wenn sie aus einer immanenten Sicht durchaus richtige Tatbestände treffen, geeignet, diese sozialgeschichtlichen Aspekte zugunsten eines dagegen eher hohlen Kunstbegriffs aus den Augen zu verlieren.

El Escorial (**117**), das Prachtschloß Philipps II., entstand seit 1563 im Süden Madrids. Architekten waren der im spanischen Neapel zuvor als Stadtsanierer erfolgreiche Juan Bautista Toledo († 1567) und, als sein Nachfolger, Juan de Herrera (ca. 1530–97). Der im Vergleich zu den späteren Anlagen von Versailles und Caserta bescheiden dimensionierte Bau erstreckt sich auf einem nahezu quadratischen Grundriß von ca. 200 x 200 m. Auf diesem von Innenhöfen durchgliederten Geviert erstrecken sich Bauten mit sehr verschiedenen Funktionen. El Escorial ist kein »reines« Regentenschloß, sondern eine Kombination aus Residenz und Kloster, wobei die klösterlichen Trakte insgesamt dominieren. Die königlichen Gemächer bilden kaum mehr als einen Annex der zentralen Kirche und sind zum Garten, nicht zur Front hin orientiert. Diese in ihrer Art einmalige Verbindung von Sakralarchitektur und profanem Repräsentationsbau zeigte in höchst sinnfälliger Weise die enge Verzahnung von kirchlicher und weltlicher Macht im Spanien des 16. Jh.

Zum vielkopierten Prototyp barocker Schloßanlagen avancierte der Bau von Versailles bei Paris, unter Ludwig XIV. seit 1661 am Ort eines kleinen, zu

Beginn des 17. Jh. entstandenen Wasserschlößchens erbaut. Nach den Plänen von Louis Le Vau entstand sukzessive, verbunden mit einer davor erbauten »Idealstadt«, eine gigantische Architekturszenerie (118). Die nunmehr fast 600 m lange Schloßfront wies einen U-förmigen Mitteltrakt und zwei ausgedehnte Seitenflügel auf, war also, anders als El Escorial, nicht mehr auf ein in sich zentriertes Quadrat ausgerichtet. Die den Hof rahmenden, später hinzugefügten Vorbauten erzeugten eine Tiefe der Anlage von über 400 m – eine bis dahin ungekannte Massierung von Architektur, die jeden Betrachter eingeschüchtert und das Credo des Bauherrn (»L'état c'est moi«, »Der Staat bin ich«) glaubhaft unterstrichen haben wird. Verbunden war das Schloß mit einer gigantischen Gartenanlage, die 1667 unter Le Nôtre begonnen wurde – ein akkurates Reißbrettwerk in typisch französischem Stil, das mehr als 5 km² Landschaft wie mit dem Lineal umgestaltete (vgl. S. 112).

Fast alle Versuche barock-absolutistischer Herrscher, mit eigenen Schloßbauten Versailles zu übertreffen, scheiterten. In verschiedener Hinsicht erfolgreich war hier jedoch der Bourbone Karl III., dessen neue, das »Stadtschloß« von Neapel ersetzende Residenz bei Caserta unter der Leitung von Luigi Vanvi-

[118] Gestalteter Absolutismus: die Idealstadt Versailles (Vordergrund), der gigantische Königspalast (Mitte) und die akkurat geformten Gartenanlagen (hinten). Kupferstich um 1700. Eine verkleinerte Kopie dieses Versaillesbildes war das Schloßbauprojekt von Karlsruhe, das sich bei der Planung auf Abbildungen wie diese bezog.

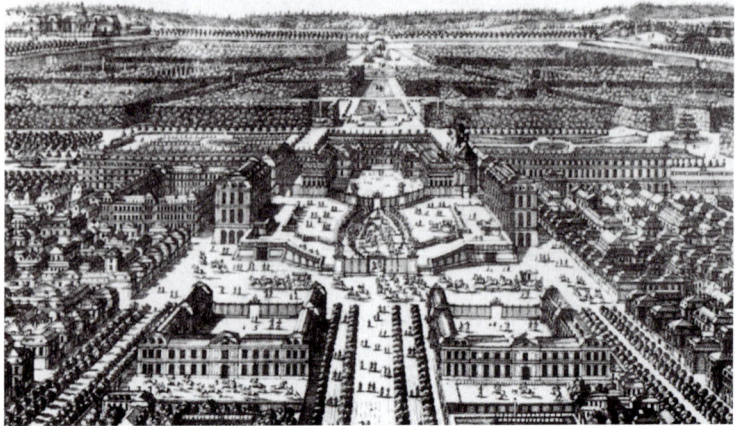

telli zwischen 1752 und 1774 entstand (119). Der Bau folgt in seinem fast quadratischen Grundriß der Anlage von El Escorial, übertrifft sie mit knapp 300 m Fassadenlänge jedoch erheblich.

[119] Das Zentrum des Palastes: Mittelpunkt barocker Residenzen wie der von Caserta war das wie eine Bühne gestaltete Prunktreppenhaus, auf dem sich wichtige Teile des Hofzeremoniells vor den Augen der Aristokratie vollzogen.

Zwar fehlten dem Gebäude die langen Seitenflügel von Versailles (und auch die im späten 17. Jh. der Anlage von El Escorial hinzugefügten raumgreifenden Hofflügel), dennoch wurde der Sonnenkönig, wie die Überlieferungen zeigen, in »wichtigen« Details übertroffen: in der Zahl der Fenster (1742), der Zahl der Kamine auf dem Dach (1026), der Zahl der Räume (1200) und schließlich, wenn schon nicht in der Fläche, so doch in der Länge des Gartens (knapp 4 km).

**Im Schattenreich der Pracht –
Fachwerkhaus und bewohnte Brücke**

Das Fachwerkhaus, bestehend aus einem durch Flechtwerk, Lehm oder Ziegel ausgefüllten Holzskelett, ist Produkt einer regional unterschiedlich ausgeprägten Steinarmut und als eine funktionsfähige Bautechnik bereits seit der Antike bekannt. Es mag erstaunen, diesen Bautyp hier im »Schattenreich der Pracht« anzusiedeln, denn seit dem 15. Jh. hat das Fachwerkhaus in weiten Teilen Deutschlands, im

[120] Städtische Fachwerkhäuser der »kleinen Leute«: der im frühen 18. Jh. bebaute Quai de la Poissonnerie am Rand der Altstadt von Colmar in Frankreich

Elsaß und in der Normandie, in Südengland, aber auch auf dem Balkan eine Renaissance erlebt. Zahlreiche hochrepräsentative Bauten entstanden: Rathäuser (Melsungen bei Kassel; Eßlingen; Lüneburg) ebenso wie reiche Bürgerhäuser – üppig geschmückt mit Holzschnitzereien und weiteren Dekorationen in Giebeln und den ausgemauerten Fächern. Ganze Stadtbilder (u. a. Goslar, Chester und York) sind erhalten geblieben und prägen die Vorstellung vom Fachwerkhaus als einem Typus der städtischen Repräsentationsarchitektur des 16. und 17. Jh.

Die städtisch-prunkvolle Verwendung des Fachwerks täuscht über die tatsächliche ländliche Herkunft des »Baustils« indessen hinweg. Es waren die Katen der armen Bauern oder Fischer, die in dieser grundsätzlich einfach und vor allem billig zu errichtenden Technik erbaut waren: meist gänzlich ohne Dekor als ein windschiefes, mit nur wenigen Fenstern durchsetztes Holzgerüst, das flüchtig mit Lehm ausgefüllt war. Das 17. und 18. Jh. ist eine von Landflucht charakterisierte Zeit, und so kommt es gerade in diesen Jahrhunderten in vielen Fachwerkstädten zu einer »zweiten Art« des Fachwerkbaus, die sich markant von den öffentlichen und privaten Fachwerkprunkbauten der Honoratioren abhebt. Kleine, geduckte, windschiefe, heute als pittoreske Fotomotive beliebte Zeilen von Fachwerkhäusern

wurden nun, meist etwas abseits der Zentren, angelegt; sie bildeten hier gewissermaßen eine Neustadt
mit sehr schlicht gestaltetem Wohnraum für kleine
Leute (120).

Im 16. und 17. Jh. führte die enorme Bevölke-
rungszusammenballung in den Großstädten zu
einer immer weiter voranschreitenden Verdichtung
der Siedlungsflächen, zu einer immer eklatanter
werdenden Knappheit von bebaubarem Raum. Ein
Resultat dieser Verdichtung sind die in fast allen
größeren Städten dieser Zeit anzutreffenden bewohnten Brücken (121): An beiden Seiten der
Brücken erhoben sich, fast wie an einen Felsen
geklammert, Wohnhäuser, oftmals bis zu vier oder
fünf Geschosse hoch – waghalsige, allzeit von einem
Einsturz oder Brand bedrohte Leichtbaukonstruk-
tionen.

In ständigem Verkehrslärm hauste hier die mittel-
lose Bevölkerung in ärmlicher Weise; die heute so
malerisch wirkenden Bilder und Beschreibungen
solcher Wohnbrücken, wie es sie besonders in Paris
und London in großer Zahl gab, verklären eine aus
heutiger Sicht bedrückende, höchst beengte Wohn-
situation.

[121] Bewohnte Brücke: der Pont au Change in Paris. Gemälde von Nicolas und Jean-Baptiste Raguenet, 1756. Die fünfstöckige Brückenbebauung wurde nach 1786 wegen akuter Gefährdung der Statik abgerissen.

[122]   Der schnurgerade römische Straßentunnel des 1. Jh. n. Chr. durch den Posilipp verband Neapel mit der Via Domitiana, die von den Häfen Miseno, Puteoli und Baiae nach Rom führte; er war bis ins 19. Jh. hinein in Funktion. Gemälde von A. Sminck Pitloo, 19. Jh.

Ein Kennzeichen des Barock ist der rigoros gestaltende Umgang mit Natur. Die Umformung vorhandener Gegebenheiten, sei es zwecks Errichtung von Bauwerken oder bei der Anlage von Gärten, bekommt in jenen Jahrhunderten nachgerade den Charakter einer kulturellen Omnipotenz, einer bedingungslosen Herrschaft des Menschen und seines Wirkens über die Natur. Diese Vorstellung von menschlicher Allmacht hat es bereits in der Antike in umfassender Weise gegeben. Schon die Idee des hellenistischen Architekten Deinokrates, den Berg Athos zu einem gigantischen Alexanderbild-

nis umzuformen und den makedonischen König dabei eine ganze bewohnte Stadt in der Hand halten zu lassen, steht in dieser Tradition. Besonders markant kommt dieser Aspekt bei der römischen Villenarchitektur mit ihrer komplexen gedanklichen wie gestalterischen Verbindung von Landschaft und Architektur zum Tragen. Villen erhoben sich bevorzugt an Standorten, die einen weiten Ausblick in die Landschaft gewährleisteten. Wie wichtig dieser Aspekt war, wird daraus ersichtlich, daß, um ein Landschaftspanorama zu kreieren, Villen vielfach auf entsprechend gezielt ins Gelände gefrästen Terrassen oder eigens hierfür geschaffenen künstlichen Plattformsubstruktionen erbaut wurden, wenn ein natürlicher Standort diese Vorzüge nicht mitbrachte. Der Blick in die Landschaft wurde nun in das System der Raumfluchten eingebunden, ja von den Baulichkeiten förmlich vereinnahmt und gerahmt; es entstanden so imposante Durchblicke, fast im Stil von Theaterkulissen – Durchblicke, die überdies durch illusionistische Wandmalereien jenseits der Fenster und Blicköffnungen ergänzt und fortgeführt wurden.

Zugleich wurde Landschaft in das Funktionskonzept der Villa integriert, und dies ebenfalls in Form künstlicher Kreation, wenn die natürlichen Gegebenheiten ungünstig waren: Gärten wurden mit aufgeschütteten Hügeln versehen, Teiche ohne Rücksicht auf geeigneten Grund angelegt (bisweilen sogar in den Fels geschlagen), Grotten, notfalls extra geschaffen, dienten als Speiseräume, Felsüberhänge als Schattenspender, ein – nicht selten umgelenkter – Bach plätscherte durch das Areal. Natur wurde auf diese Weise »vervollkommnet« und zum idealen Bestandteil der Kultur – ein markanter Zug der umfassenden Militanz des römischen Naturverständnisses. Römische Ingenieure machten in diesem Sinn die Erde vollständig untertan, versetzten oder durchtunnelten Berge (122), führten Brücken über Täler und Flüsse, schlugen Straßen in schnurgeraden Schneisen durch die Landschaft, legten Sümpfe trocken und rühmten sich ob solcher Taten als Beherrscher und Verbesserer der Welt.

Diese antike Idee von der Natur als formbarer Masse wird im Barock aufgegriffen und in bizarrster Weise gesteigert. Ein berühmtes, in seiner Zeit vielbewundertes Beispiel ist die Umgestaltung der Isola Bella im Lago Maggiore unter Karl III. Borromäus um die Mitte des 17. Jh. Die einst unscheinbare Insel (123) wurde dabei ihrer Natur vollkommen beraubt und zu einer Art Schiffspalast umgebildet: Die

Kontur der Insel, einst ein flacher Geröllfelsen, wurde, wie mit dem Lineal gezogen, länglich ausgeformt, das Ganze dann mit ungeheurem Aufwand durch Abtragungen und Aufschüttungen terrassiert und in eine bis zu zehnstöckige Palast- und Garteninsel verwandelt. Die Isloa Bella ähnelte fortan einem vor Anker liegenden, megalomanen Kunst-Natur-Schiff.

Besondere Belege für die barocke Vorliebe gestalteter Natur sind schließlich die im 16. Jh. in Frankreich erstmals begegnenden Kunstgärten, eben deshalb auch als »Französischer Garten« geläufig: geometrisch ausgeformte Rabatten und Baumreihen, skulptural zugeschnittene Hecken und künstliche Bäche mit Kaskaden, Wasserbecken, Brunnen, Fontänen und ausgekiesten Wegen. Einer der bedeutendsten Gartenbauarchitekten des Barock und ein Protegé von Ludwig XIV. war André Le Nôtre (1613–1700), der u. a. den Schloßpark von Versailles nach zuvor minutiös ausgearbeiteten Plänen wie eine Architektur anlegte.

[123] Die zum Palastschiff umgestaltete Isola Bella im Lago Maggiore. Stich aus dem frühen 19. Jh.

Architektur im Umbruch – Die »Revolutionsarchitektur«

Revolutionsarchitektur – dieser vom Architekturhistoriker Emil Kaufmann (›Von Ledoux bis Corbusier‹, 1933/34) geformte und verbreitete Begriff ist insofern irreführend, als hiermit keine fest umrissene Architekturepoche bezeichnet wird, sondern es handelt sich lediglich um ein Schlagwort, das die immensen architektonischen Neuerungen des späten 18. Jh. nicht nur im revolutionären Frankreich beschreiben wollte. Auch wenn die Protagonisten dieser Revolutionsarchitektur in vorderster Reihe Franzosen wie Claude-Nicolas Ledoux und Etienne-Louis Boullée waren, so umgreift dieser Begriff gleichermaßen deutsche Frühklassizisten wie etwa Friedrich Weinbrenner oder Friedrich Gilly.

Revolutionsarchitektur setzte auf zwei eigentlich widerstrebende Komponenten: vorausschauende Utopie und rückwärtsgewandter Klassizismus, beides in fein austariertem theoretischen Zusammenhang. Revolutionsarchitektur ist insgesamt weniger gebaute, realisierte Architektur als vielmehr Architekturtheorie – und damit hauptsächlich in Entwürfen und Konzepten überliefert. Sie formulierte einen Gegenpol zum absolutistischen Barock (vgl. S. 100), ohne sich indessen grundsätzlich davon zu lösen. Der formale Rückgriff auf die Antike war in eben diesem Barock, besonders der französischen Spielart, verhaftet. Übergeordnetes Ziel war eine »sprechende Architektur« – expressive Bauten, deren Gestaltung sich dem Betrachter unmittelbar erschließen sollte. Revolutionsarchitektur war in diesem Sinne nichts völlig neues; die französischen Architekten Ledoux und Boullée haben die Wurzeln ihres Schaffens sowohl in der absolutistischen Ära Frankreichs, den Dekaden vor 1789, als auch im akademischen Konzept einer *architecture parlante*. Entsprechend schwankt die heutige baugeschichtliche Zuordnung der Revolutionsarchitektur wie auch die des Œuvres einzelner Architekten zwischen Spätbarock und Frühklassizismus.

Gegen den ornamental verspielten Barock richtet sich in der Revolutionsarchitektur vor allem ein rational motivierter Hang zu präziser Geometrie. Dies war die Grundlage für noch heute futuristisch anmutende Konzepte. Boullées Entwurf für einen Kenotaph, ein Ehrendenkmal für den von ihm abgöttisch verehrten Physiker Sir Isaac Newton (**124**), übrigens im vorrevolutionären Paris des Jahres 1784 entstanden, formt eine riesige, außen ummantelte, im Inneren betretbare und kathedralenartig ausstaffierte Kugel – zugleich auch eine höchst sinnfällige Architektur, denn Newton als »Erläuterer« der Kugelform der Erde war hier treffend charakterisiert. Boullée avancierte mit diesem Entwurf zu einem Vorreiter architektonischer Megalomanie, ebenfalls ein Charakteristikum der Revolutionsarchitektur: Seine Kugel sollte 150 m durchmessen!

Die im Gegensatz zu Boullée vielfach realisierte Architektur von Claude-Nicolas Ledoux gilt als Musterbeispiel der Mischung von frühklassizistischem Utopismus mit einer *architecture parlante*. Zahlreiche seiner Frühwerke (u. a. die Hoffassade des Hôtel d'Uzès, Paris) sind im absolutistischen Barock verhaftet; seit den 1770er Jahren häufen sich jedoch utopische Konzepte, die – wie etwa die als Idealstadt geplante Saline von Chaux bei Arc-et-Senans (**125**) – weitgehend nach seinen Plänen realisiert wurden.

Den geometrisch-utopistischen Prinzipien der Revolutionsarchitektur, keineswegs aber der Idee einer antiabsolutistischen Revolution folgt Friedrich Gillys Entwurf eines Nationaldenkmals für Friedrich den Großen: Der in diesen Jahrzehnten gerade wiederentdeckte klassisch-griechische Tempel in Gestalt des Parthenon (vgl. S. 116) erhebt sich auf hoher, ehrfurchtgebietender Substruktion – ein Musterstück des deutschen Klassizismus, der allen »revolutionären« Gedanken abhold ist und hier bereits zur obrig-

Italien entsteht (seit 1861 unter König Victor Emanuel II.)
1861
Ausbruch des amerikanischen Sezessionskriegs; Abschaffung der Sklaverei (1863)
1870/71
Deutsch–Französischer Krieg; Proklamation des Deutschen Kaiserreichs in Versailles

[124] Etienne-Louis Boullée, Kenotaph für den Physiker Sir Isaac Newton, Außenansicht. Skizze von 1784

[125] Claude-Nicolas Ledoux, Eingangstor zur Salinenstadt von Chaux (erbaut 1773–78). Stich des realisierten Baus von ca. 1810.

[126]   Friedrich Gilly, Nationaldenkmal für Friedrich den Großen. Entwurf von 1796. Der Titel der Zeitschrift ›Die Baukunst – Kunst im deutschen Reich‹ von August/September 1942 visualisiert die Bedeutung von Konzepten der Revolutionsarchitektur für die nationalsozialistische Repräsentation.

[127]   Carl August Ehrensvärd, Portal für eine Werft im Ostseehafen von Karlskrona. Gefärbtes Holzmodel von 1785

keitskonformen Statusmetapher gewandelt erscheint. Geradezu spielerisch leicht wirkt dagegen die Idee des Schweden Carl August Ehrensvärd (1745–1800), das Portal einer Werft in Karlskrona mit einem überdimensionierten dorischen Joch zu überspannen (127).

Die Revolutionsarchitektur zeitigte erhebliche Wirkungen: Sie hat mit ihrer Megalomanie und ihrer kalkulierten Rationalität totalitäre Architekturvorstellungen der deutschen Nationalsozialisten (126) und italienischen Faschisten ebenso beeinflußt wie die Futuristen und die sowjetische Avantgarde; die utopischen Konzepte haben darüber hinaus Formen und Funktionsprinzipien der Ingenieursarchitektur (vom Eiffelturm bis zu den Raketenabschußrampen von Cape Kennedy) maßgeblich geprägt. Das Prinzip einer *architecture parlante*, wie es Ledoux wegweisend formulierte, wurde, etwa in Gestalt der verkürzten, als extrem »belastet« gekennzeichneten dorischen Säulenreihe über einem darunterliegenden Gewölbeeingang, zur Metapher des »unter das Joch geschickten« Delinquenten im Gefängnis- und Gerichtsbau des 19. Jh. (z. B. Eingang zum Frauenzuchthaus von Würzburg von Peter Speeth, 1810).

Wiederentdeckung Griechenlands: James Stuart und das »Greek Revival«

Seit der Frührenaissance war die Architektur der Antike das alles überlagernde Vorbild für zeitgemäßes Bauen

(s. S. 84) und Fixpunkt jedweder theoretischen Auseinandersetzung mit Architektur (s. S. 98). Das in diesen Jahren etablierte Bild von antiker Architektur fußte indessen tatsächlich nur auf einem Ausschnitt der Antike, nämlich auf der in vielen bekannten und oft besuchten Denkmälern überlieferten Architektur des römischen Altertums. Das antike Griechenland mit seinen Bauten war eine vollkommen unbekannte Größe; das Land lag im Abseits des Osmanischen Reichs und war praktisch unbereisbar. Erst Forschungsexpeditionen des 18. Jh., motiviert durch ein aufklärerisches Interesse für das demokratische Griechenland der Klassik, führten zu einer »Wiederentdeckung« Griechenlands, damit dann auch zu einer Wiederentdeckung »reiner« antik-griechischer, nun nicht mehr römisch-veränderter Bauformen und Architekturmuster, die dann schlagartig Eingang in die Architektur des 18. und 19. Jh. fanden.

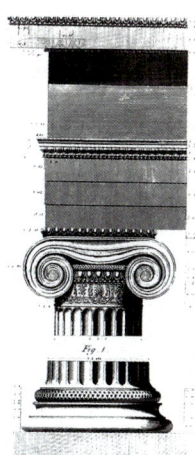

[128] Säule und Gebälk vom Erechtheion der Athener Akropolis (spätes 5. Jh.v. Chr.) als Musterbeispiel griechisch-ionischer Architektur. Tafel aus den ›Antiquities of Athens‹, Band 2 (1787)

Den Startschuß markierte die Entdeckung der drei gut erhaltenen dorischen Tempel von Paestum in Süditalien, einstmals Zier einer griechischen Koloniestadt, dann seit Jahrhunderten in schilfüberwuchertem Sumpf verborgen und in den 1740er Jahren per Zufall wiederentdeckt. Erstmals trat griechisch-dorische Architektur zum Vorschein – eine Bauordnung, die in ihrer originalen Form in die antik-römische Architektur praktisch keine Aufnahme gefunden hatte und deshalb unbekannt war. Zwei um den Erfolg konkurrierende Expeditionen nach Griechenland ergänzten dieses neue Wissen. Der Franzose LeRoy bereiste Griechenland 1755; sein mit zahlreichen Detailzeichnungen versehenes Buch ›Les Ruines de plus beaux monuments de la Grèce‹ erschien 1758 und machte weltweit Furore. Erheblich aufwendiger war das Unternehmen der Londoner *Society of Dilettanti*; sie beauftrage 1750 zwei Architekten – James Stuart und Nicholas Revett – mit einer akribischen Bestandsaufnahme der antiken Bauwerke Athens und Attikas. Das prunkvolle, reich bebilderte Foliowerk ›Antiquities of Athens‹ (**128**) war das Resultat dieser mehrjährigen Reise. Die einzelnen Bände waren indessen nicht sofort greifbar, sondern erschie-

[129] Amerikanisches *Greek Revival*: Die Fassade des alten Patentamtes (»Old Patent Office«) in Washington, DC, erbaut von Robert Mills, 1836–1840. Den Eingang ziert eine achtsäulige dorische Tempelfront, die dem Parthenon auf der Athener Akropolis nachgestaltet ist. Daguerrotypie aus dem Jahr 1846.

nen wegen technischer Probleme in großem zeitlichen Abstand zwischen 1762 und 1816.

Mit dem Namen James Stuart ist nun nicht nur die Erforschung der Architektur des antiken Griechenland, sondern auch die Adaptation originärer antik-griechischer Baumuster in die Gegenwartsarchitektur verknüpft – das *Greek Revival* nahm als Baustil mit Stuarts frühen Bauten (Gartentempel von Hagley Park, 1759, und von Shugborough Park, 1761), vor allem aber mit der enormen gesellschaftlichen Akzeptanz antik-griechischer Baumuster als Leitformen für Würde und aufgeklärten »Freiheitssinn« seinen Anfang. Der ob seines Faibles für klassische dorische und ionische Formen bald »Athenian Stuart« Genannte avancierte zum Vorbild und zur Inspirationsquelle einer ganzen Architektengeneration, die England und Schottland mit Bauten in antik-griechischem Stil überzog.

Die im 18. Jh. publizierten Detailzeichnungen von antik-griechischen Bauordnungen fanden schnell Eingang in die Musterbücher amerikanischer Architekten. Die griechischen Formen traten hier ergänzend neben einen seit Thomas Jefferson präsenten Klassizismus, der im Sinne der französischen Architektur eines Gabriel oder Soufflot am antiken Rom und der italienischen Renaissance orientiert war (und in dieser markanten Stilmischung einen dezidierten Alternativentwurf zur Architektur des englischen Gegners im Kampf um staatliche Unabhängigkeit formulierte). Das amerikanische *Greek Revival* der Dekaden vor 1860 begegnete an Staats- und Verwaltungsbauten, vor allem aber an repräsentativen Bürgerhäusern (**129**); es war eine wichtige Ausdrucksform wirtschaftlicher Prosperiät und damit verbundener sozialer Statusdemonstration.

Bedeutende Architekten des englischen *Greek Revival*
John Soane
  (1753– 1837)
Robert Smirke
  (1780–1876)
John Nash
  (1752– 1835)
und die Schotten
William Playfair
  (1790–1857)
Thomas Hamilton
  (1784–1858)
Alexander Thomson
  (1817–75)

Das *Greek Revival*, die Hinwendung zeitgenössischer Architektur zur griechischen Antike, war die Initialzündung des
Klassizismus des 19. Jh. Auf
diesen Klassizismus greift ein
aktueller Neo-Klassizismus zurück, der hauptsächlich in den
USA als eine »sinnstiftende«
Gegenbewegung zu den ver-
meintlichen Verwirrungen der
Postmoderne (vgl. S. 171) verbreitet ist (**130**).

[130] Amerikanischer
Neo-Klassizismus der Ge-
genwart: Ein dorisches
Eingangsportal in Water-
town, Massachusetts,
Imai & Keller Architects
Inc. 1994

Schinkel und Klenze –
Klassizismus in Preußen und Bayern

Das *Greek Revival* war im angelsächsischen Raum eng
mit Vorstellungen von bürgerlicher Freiheit und demo-
kratisch-parlamentarischer Staatsform verbunden. Der
auf Griechenland rekurrierende Klassizismus des späten 18. und 19. Jh. in der Architektur, wie er sich in
Preußen und Bayern ausprägte und dort nicht minder
vorbildhaft wurde, wandelte sich demgegenüber bald
von einer zukunftsorientierten Vision (wie sie etwa
Herder in seiner »Plastik« formuliert hatte) zu einer
reaktionären Geste monarchisch-autoritärer Repräsentation – griechisches Formengut erwies sich auch in
diesem Sinne als ideal verwendbar. Was in Preußen und
Bayern unter dem Banner des Klassizismus entstand,
waren national geprägte Staatsbauten und -denkmäler,
Bauten der Obrigkeit, die den Beherrschten Würde und
Tugendhaftigkeit der Herrscher, die Dauerhaftigkeit
der Monarchie und die Idee ewiger nationaler Größe
vermitteln sollten. Gerade die neuentdeckte dorische
Bauordnung schien mit ihrer Solidität verkündenden
Schnörkellosigkeit und ihrer vermeintlich unerschüt-
terlichen Tektonik hierfür bestens geeignet.

Hauptprotagonist eines preußischen Klassizismus
war Karl Friedrich Schinkel. Ausgebildet an der von
Friedrich Gilly geleiteten Berliner Bauakademie, kam
Schinkel früh nicht nur mit der »reinen«, formalen

**Bedeutende
Architekten des
amerikanischen
*Greek Revival***
Benjamin H. Latrobe
   (1764–1820)
William Strickland
   (1787–1854)

Lehre des Klassizismus, sondern auch mit den utopisch anmutenden Konzepten der Revolutionsarchitektur in Kontakt. Als Architekt konnte er zunächst nicht reüssieren; seine Begabung als Maler und Designer von Bühnenbildern gewährleistete aber ein gutes Auskommen. Sein architektonisches Œuvre beginnt erst 1816, nachdem er, protegiert von Wilhelm von Humboldt, eine Stelle in der Preußischen Baubehörde erhielt, deren Leiter er 1830 wurde. Schinkels frühe Bauten, darunter vor allem die Neue Wache, das Alte Museum und das Schauspielhaus am Gendarmenmarkt in Berlin, spiegeln bereits die klassizistische *law-and-order*-Mentalität der sich neu formierenden Monarchie in der Zeit nach dem Wiener Kongreß. Bauten wie diese avancierten schließlich zum Symbol der nationalen Größe Preußens. Schinkel blieb zeitlebens ein »Wanderer zwischen den Welten«, der neogotische Formen ebenso wie die strenge Romanik rezipierte (**132**). Man kann Schinkel durchaus als einen frühen Historisten verstehen, der verschiedene Baustile je nach Bedarf verwendete. Neben seinen Bauten sind zahlreiche ans Phantastische grenzende Entwürfe und Bauvisionen erhalten (vgl. S. 126), die seine Wandlungsfähigkeit und seine Kreativität eindrucksvoll belegen.

Ganz anders hingegen Leo von Klenze. Seit 1818 bayerischer Hofbauintendant unter Ludwig I., war er durch und durch ein Mann des Staates – seinem König und dessen Interessen bedingungslos verpflichtet. Eine besondere Aufgabe für seinen Klassizismus war die enge Verbindung zwischen Bayern und dem vom »Türkenjoch« befreiten Griechenland: Otto von Wittelsbach wurde 1835 erster griechischer König. Athen und München wurden zu Schwerpunkten von Klenzes Tätigkeit; dabei geriet München fast wie im Zeitraffer unter seinem architektonischen und organisatorischen Geschick zum »Isar-Athen«: Die Propyläen (**131**) und die Rahmenbebauung des Königsplatzes, die Ruhmeshalle, zahlreiche bautengesäumte Straßenachsen sowie verschiedene Museen ließen eine Metropole München entstehen, die sich mit europäischen Zentren wie Paris

und London, aber auch Berlin messen lassen konnte. Dabei dominierte zunächst der auf die griechische Antike ausgerichtete Klassizismus. Später bediente sich auch Klenze weiterer historischer Stile (in München: romanisch-byzantinische Allerheiligen-Hofkirche, renaissanceske Bebauung der Ludwigstraße, Münchner Residenz in Florentiner Stil, der Festsaal in antik-römischem Stil). Zu den Hauptwerken Klenzes zählen darüber hinaus die zum Ruhm Bayerns erbaute Walhalla bei Regensburg und die nicht minder national beseelte Befreiungshalle bei Kehlheim (1839–51). Das sind Musterstücke der Rezeption antik-griechischer und antik-römischer Architektur: Die Walhalla kopiert den Parthenon der Athener Akropolis, die Befreiungshalle das Mausoleum des Theoderich in Ravenna.

Nicht minder folgenreich war Klenzes Wirken in Athen, wo er bald die gestalterischen Zügel in die Hand nahm. In seinem Umfeld zog es weitere klassizistisch gesonnene Architekten hierher, deren Ziel es war, eine moderne Residenzstadt in möglichst authentischem Stil der griechischen Antike zu errichten. Klassizisten wie Friedrich Gärtner, die dänischen Brüder Hans-Christian und Theofil Hansen und der Österreicher Ernst Ziller waren hier tätig. Auf Klenze geht die Ge-

[131] Leo von Klenze, Die Münchner Propyläen am Königsplatz (1846–62), von Westen gesehen. Gemälde Klenzes von 1848. Das Tor kopiert die Propyläen des Mnesikles von der Athener Akropolis, erbaut um 440/430 v. Chr.

samtplanung der Athener Neustadt mit ihren Achsen und Plätzen im Norden der Akropolis zurück, und sein Einfluß zeigte sich in besonderer Weise bei einer »planerischen« Begegnung mit Schinkel. Dieser hatte ein Königsschloß für Otto auf der Akropolis konzipiert, das zwischen den antiken Ruinen erbaut werden sollte. Klenze hintertrieb dies und machte per Dekret die Akropolis zum Objekt der Archäologie – nicht zum Ort für einen Königspalast. Angesichts der fatalen archäologischen Fehlleistungen bei der »Ausgrabung« der Akropolis im 19. Jh. gibt es indessen heute nicht wenige Fachleute, die wünschten, Schinkels Vision, die die antiken Befunde weitgehend geschützt hätte, wäre Wirklichkeit geworden.

Der Historismus

»In welchem Style sollen wir bauen?« Mit diesem provokanten Titel einer Schrift von 1828 eröffnete der Karlsruher Architekt Heinrich Hübsch (1795–1863) eine folgenreiche Debatte. Hübsch zählte etwas über 50 verschiedene historische Baustile auf und wurde damit, wenn auch ungewollt, zum Initiator einer *battle of styles*, einer Kontroverse um das »richtige«, das angemessene Bauen. Der sogenannte Historismus löst, im Sinne der Architekturepochen, den Klassizismus ab. Genauer gesagt: Er fügt ihn als ein kleines Element ein in eine nunmehr universell imitierende Architektur. Nahezu alle historischen Baustile waren in der zweiten Hälfte des 19. Jh. verfügbar und wurden herangezogen. Sie wurden dabei immer weiter von ihren ursprünglichen Bedeutungen und Kontexten entfernt und schließlich innerhalb einzelner Bauwerke nach Belieben miteinander vermengt. Der Historismus wurde zum ersten Zeitalter architektonischer Beliebigkeit (zum zweiten Zeitalter der Beliebigkeit wurde später die Postmoderne) – die Hauptsache war ein erkennbarer historischer Kern der Architektur. Und es war genau diese Beliebigkeit, gegen die sich am Ende des Jahrhunderts dann zunächst die Vertreter des Jugendstils und schließlich die der Klassischen Moderne wandten (vgl. S. 142, 144).

Eine Frühform dieses Historismus war die Wiederauferstehung der Gotik, zunächst besonders in England (*Gothic Revival*). »Gotische« Bauten, jetzt durchaus auch mit profanem, gleichwohl aber das Profane »sakralisierendem« Charakter, schossen wie Pilze aus dem Boden; herausragende Beispiele sind die zwischen 1840 und 1888 errichteten Houses of Parliament am Themseufer in London (Architekten: Charles Berry und Augustus Charles Pugin) und der St.-Pancras-Bahnhof (1868–74; Architekt: George Gilbert Scott). Auch in Deutschland griff die Neogotik rapide um sich; ein bekanntes, wenngleich spätes Beispiel ist das Hamburger Rathaus aus den 1890er Jahren. Ein Anhänger der Neogotik war bereits Karl Friedrich Schinkel, der zahlreiche Entwürfe und gemalte Visionen von gotischen Bauwerken produziert hatte (**132**). Gotische Bauformen wurden dabei aus ihrem einstigen kirchlichen Zusammenhang in weltliche Baukontexte überführt – ein Schicksal, das der Romanik weitgehend erspart blieb, denn die Neoromanik des 19. Jh. beschränkte sich überwiegend auf den zeitgenössischen Kirchenbau (z. B. die Kathedrale von Tampere/Finnland, 1902–07).

Ein bevorzugtes Sujet historistisch gesonnener Architekten war der Schloß- und Burgenbau (vgl. S. 73); hier ließ sich, je nach Wunsch der Auftraggeber, aus dem Vollen schöpfen. Eine romantische Verklärung des Mittelalters, hart an der Grenze zum schlechten Ge-

[132] Gotische Vision des 19. Jh.: »Dom am Wasser«. Öl auf Leinwand. Kopie eines im Original verschollenen Gemäldes von Karl Friedrich Schinkel (Berlin, Nationalgalerie). Dem Gemälde liegt Schinkels Plan einer neogotischen Kathedrale zugrunde.

[133] Schloß Neuschwanstein: die »kleine Wartburg« des Wagner-Verehrers Ludwig II. von Bayern, eine Mittelalter-Idylle im Zeitalter der Romantik

[134] Ein Treibhaus der Ornamente und Stilblüten: der Royal Pavillon in Brighton, das Märchenschloß des Prinzregenten, 1815–22

schmack, ist das für Ludwig II. von Bayern erbaute »Märchenschloß« Neuschwanstein nahe Füssen im Allgäu (133) – »realer« historischer Kern des zwischen 1869 und 1886 erbauten Konglomerats ist eine mittelalterliche Burgruine, die jedoch für den Neubau weitgehend abgetragen wurde. Ein weiterer Meilenstein historistischer Schloßbaukunst in Deutschland ist das im Stil der Renaissance errichtete Stadtschloß von Schwerin, 1844 nach Plänen von Georg Adolph Demmler und Friedrich August Stüler begonnen. Verklärtes »teutonisches« Mittelalter ist auch das Thema zahlreicher Burgrekonstruktionen des 19. Jh.: Weithin sichtbar auf einem Vogesengipfel nahe Sélestat im Elsaß (Frankreich) gelegen, ist die Haut Koenigsbourg keineswegs die vorzüglich erhaltene mittelalterliche Burg, die man beim Näherkommen zu sehen glaubt, sondern ein mit allem erdenklichen Komfort ausgerüstetes Konstrukt der wilhelminischen Epoche – errichtet nach Plänen des Architekten Bodo Ebhardt (1865–1945), die an eine spätmittelalterliche Bauphase des Komplexes anknüpften. Weitere herausragende Architekturen des Historismus sind die Pariser Oper in neobarockem Stil (1871–74, Architekt: Charles Garnier), die »orientalischen« Königlichen Pavillons in Brighton (1815–18; Architekt: John Nash, 134) oder der klobige Brüsseler Justizpalast in antik-

renaissancesken Formen (1866–83; Architekt: Joseph Poelaert). Ein nahezu geschlossenes Panorama historistischer Architektur bieten die Ringstraße in Wien und die Bauensembles vieler deutscher Ostseebäder.

Historismus ist durchaus nicht Kopie um der Kopie willen – kein alleiniges Problem der Form. Er bedient sich der Geschichte vielmehr in ziel- und zweckgerichteter Weise. Die Möglichkeit, neuen Bauten ein historisches Kleid überzustreifen und ihnen auf diese Weise Alter, Ehrwürdigkeit und Tradition zu verleihen, war insbesondere in solchen Kontexten verlockend, wo tatsächlich nicht vorhandene Tradition oder historische Verwurzelung camoufliert, kulturellen Minderwertigkeisgefühlen entgegengewirkt oder der »reale« Verlauf der (Bau-)Geschichte übertüncht bzw. verfälscht werden sollte. Städte, die erst im 18. oder 19. Jh. zu Bedeutung gelangten, schmückten sich daher mit »gotischen« Rathäusern oder »mittelalterlichen« Fachwerkbauten; in den geschichtslosen Metropolen der USA entstanden serienweise »romanische« Kirchen oder Kapitole im *outfit* von Antike und Renaissance; die im 19. Jh. vom gesellschaftlichen Untergang bedrohte Aristokratie beschwor in Palais und Stadthäusern auf architektonische Weise die Werte der »guten alten Zeit«.

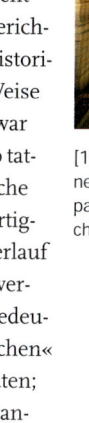

[135] »Saal der verlorenen Schritte« im Justizpalast von Brüssel. Architekt: Joseph Poelaert

Glas, Eisen und Ziegel:
Die Architektur verändert ihr Gesicht

Wie kaum eine andere Epoche ist die Architekturgeschichte des 19. Jh. geprägt von technischen Neuerungen – Innovationen sowohl hinsichtlich der Baumaterialien wie auch in bezug auf die damit möglichen Erweiterungen baulicher Formen und Fertigungsweisen. Nicht nur für die Architektur, sondern für die gesamte Industrialisierung und Maschinisierung des 19. Jh. war Eisen der zentrale Rohstoff: zunächst (seit 1709) als sprödes Gußeisen, seit ca. 1850 dann in gehärteter Form als Profileisen aus Walzstahl. Die preiswerte und technisch unkomplizierte Möglichkeit, mittels Eisenkonstruktionen große Distanzen zu überspannen, machte den neuen Werkstoff für die Architektur interessant.

[136] Johann Bernhard Fischer von Erlach, Vision des Athos-Projekts des antiken Architekten Deinokrates. Aus dem ›Entwurff einer historischen Architektur‹ von 1721

Ideale Architektur in ideal gestalteter Landschaft bildet ein Motiv, das Architekten, Dichter und malende Visionäre nicht nur in der Romantik des 19. Jh., sondern zu fast allen Zeiten fesselte – als beglückende Vorstellung von einem friedlichen Idyll inmitten einer paradiesischen Welt, aber nicht selten auch als ein Merkmal despotischen Allmachtempfindens. Bereits in der Antike gab es Architekturvisionen dieser Art. Überliefert ist, daß der griechische Architekt Deinokrates sich mit dem Vorschlag an Alexander den Großen gewandt habe, den Berg Athos zu einer riesigen, bewohnten Skulptur umzumeißeln: Ein majestätisch thronender Alexander sollte seine Linke schützend über eine aus dem Berg herausgeschälte, bewohnte Stadt halten. Der österreichische Barockarchitekt Johann Bernhard Fischer von Erlach griff diese Idee auf und »realisierte« sie in Form einer großformatigen, phantasiereichen Zeichnung (136).

Architektur als Ideal ist dann ein großes Thema in der antik-römischen Wandmalerei. Illusionistische Blicke in die Ferne, in lichtüberflutete Gärten mit kleinen Architekturen, Blicke auf kompliziert verschachtelte, phantastisch verschnörkelte Villenbauten finden sich in großer Zahl; am prominentesten ist der heute z. T. im New Yorker Metropolitan Museum of Art befindliche Wanddekor einer Villa aus Boscoreale nahe Pompeji (137).

[137] Wandgemälde aus einer vom Vesuv verschütteten Villa bei Boscoreale. Das illusionistische, einstmals mit einer realen Blickachse in die freie Natur kombinierte Fresko zeigt seinen eigenen Kontext – die Villa als ein Lebensideal. 2. pompejanischer Stil, um 50 v. Chr.

Angeregt von solchen Architekturphantasien, aber auch von zahlreichen literarischen und gemalten Fiktionen der Renaissance und des Barock, wird die effektvolle Visualisierung von utopischer Baukunst in der klassizistisch geprägten Romantik des 19. Jh. zu einem wichtigen Betätigungsfeld der Architekten. Hier ließ sich ohne großen materiellen Aufwand nicht nur akademische Bildung zeigen, sondern zugleich handwerklich-malerisches Geschick wie auch die eigenen Ideen und Konzepte. Ein Meister solcher Architekturphantasien, die zwischen einer romantischen Perspektive in der Art von Caspar David Friedrich und einer eigenen, realen Baukonzeption changierten, war Karl Friedrich Schinkel (vgl. S. 119). Seine in Plänen und detaillierten Ansichten ausgearbeiteten Projekte für ein Königsschloß auf der Athener Akropolis oder für den Zaren bei Orianda auf der Krim wurden nicht realisiert – und sind dennoch fast die Hauptstücke in seinem ansonsten die ausgeführten Bauten abbildendem Buch ›Werke der höheren Baukunst‹ von 1845. Bei aller Rivalität war auch der Bayer Leo von Klenze in dieser Hinsicht ein Seelenverwandter

[138] Leo von Klenze, Athen im Altertum. Gemälde von 1862

Schinkels. Sein Prunkgemälde »Athen im Altertum« (**138**) bildet in seiner antikisierend-historisierenden Auffassung einen Kontrast zu Schinkels schwärmerischer Idee des Akropolispalastes, bedient sich dabei jedoch ebenfalls einer letztlich mit Schinkel vergleichbaren romantisch-utopischen Vision – nicht von einer idealen Gegenwart, sondern von einer idealen Antike.

Als erstes Eisenbauwerk gilt die von dem Engländer Abraham Darby II. konstruierte Brücke bei Coalbrookdale in England (1779). Immer kühnere und lichtere Konstruktionen, nicht selten im Stil der Neogotik, entstanden. Als überragendes Monument der Eisenbauweise des 19. Jh. gilt der zur Weltausstellung 1889 in Paris errichtete, über 300 m hohe Turm, von Gustave Eiffel zunächst gegen erhebliche Widerstände konstruiert, dann, als neues Wahrzeichen der Stadt, nach seinem Erbauer benannt (139). Insbesondere im Brückenund später im Hochhausbau fand die Eisenbauweise dann große Bedeutung und Verbreitung.

Besondere Möglichkeiten eröffneten sich aus einer Kombination von schlanken, aber stabilen Eisenskeletten und der Verglasung der Freiflächen – ein Prinzip, das schon in der Ausformung der großen Fensterflächen im gotischen Kathedralenbau vorgeprägt war. Die vielen Glas-Eisenkonstruktionen des 19. Jh. griffen diese Analogie auf. Was entstand, waren regelrechte Kathedralen der Moderne – lichtdurchflutete, weitgespannte, fast schwebend wirkende Bauten mit scheinbar fragilen, minimierten und dennoch statisch höchst belastbaren Trägerskeletten. Orangerien und Gewächshäuser in Parks und großen Gärten waren zunächst das Betätigungsfeld der Architekten; die neue Bauweise wird hier mit einer pragmatischen Bauintention gekoppelt. Unerreichter Höhepunkt einer demgegenüber auf pure Demonstration technischer Möglichkeiten ausgerichteten »Unterhaltungs-Architektur« aus Glas und Eisen war der Londoner Crystal Palace (140): eine riesige, verschachtelte Ausstellungshalle, die auf nahezu 1 ha Grundfläche Raum für allerlei Vergnügen bot. Von Joseph Paxton (1801–55) anläßlich der Londoner Weltausstellung von 1852 am Hyde Park erbaut, wurde der bis auf 22 m aufragende Crystal Palace später, ganz im Geiste der Innovationsmanie des 19. Jh. und als eine weitere, kaum mehr steigerbare Demonstration technischer Machbarkeit, demontiert und im Stadtteil Sydenham neu aufgebaut, wo ihn 1936 ein Feuer zerstörte. Bahnbrechend war die von Paxton ersonnene Modulbau-

[139] Der Eiffelturm in Paris, erbaut 1889

[140] London, Crystal Palace. Der Bau in Gestalt einer dreischiffigen, lichtdurchfluteten Basilika bekam seinen heute etablierten, damals hingegen eher spöttisch gemeinten Namen durch das satirische Magazin ›Punch‹ (Ausgabe vom 2. November 1851).

weise: Der Crystal Palace war aus wenigen, vorgefertigten Standardteilen errichtet, deren Maße von einem den ganzen Bau durchziehenden Raster determiniert waren; die Möglichkeiten der neuen Baustoffe für eine rationell-serielle Fertigung wurden hier erstmals erprobt. Das Londoner Beispiel machte schnell Schule; in vielen Metropolen des 19. Jh. (u. a. New York, München, Paris) enstanden bald darauf ähnliche Glaspaläste.

Als drittes Element technisch-ästhetischer Innovation der Architektur im 19. Jh. tritt die Ziegelbauweise verstärkt in Erscheinung – nicht nur im historistisch-romantischen Kontext eines »materialgerechten Bauens«, sondern im Sinne einer der Eisen-Glasbauweise vergleichbaren Möglichkeit vorfabrizierter, »maschineller« Bautechnik. Ziegel und Glas als zwei grundverschiedene, dennoch aber bestens miteinander kombinierbare Möglichkeiten der »Ausfüllung« eines Eisenfachwerks werden zum technischen Standard und zu den Grundlagen der nun fast beliebigen Formbarkeit von Architektur im 19. Jh. Es entstehen statisch eigentlich »unmögliche«, von Eisenskeletten getragene Ziegelbauten, lichtdurchflutet von kühn konstruierten gläsernen Überdachungen. Markthallen, Kaufpassagen (**141**), vor allem Bahnhöfe, dann aber auch Industriebauten (vgl. S. 138) sind die Prototypen dieser neuen Architektur; das Konzept des Eisenskeletts hat darüber hinaus den Hochhausbau massiv gefördert (s. S. 132). Lange Jahre als »Allerweltsarchitektur« verpönt, hat man in den letzten Jahren diese Bauten als historische Denkmäler wiederentdeckt und viele dieser im Prinzip wenig dauerhaften Architekturen restauriert (und damit vor dem Verfall gerettet).

[141] Die Galleria Umberto I. im Herzen von Neapel, 1887–90 erbaut, ist mit ihrer lichten, weitgespannten Dachkonstruktion aus Eisen und Glas neben der Galleria Vittorio Emanuele II. (1865–67) in Mailand herausragendes Beispiel italienischer Passagen-Architektur des 19. Jh.

Der Architekturwettbewerb

Man ist geneigt, den Architekturwettbewerb mit seinen baulich-gestalterischen und finanziellen Zielvorgaben, seiner geordneten, beinahe bürokratisch anmutenden Verwaltung, seiner Trennung zwischen Auftraggeber bzw. Bauträger, Wettbewerbsorganisatoren, Jury und konkurrierenden Teilnehmern für eine moderne Erfindung zu halten. Tatsächlich aber hat es eine solcherart geregelte Konkurrenz um ausgeschriebene Aufträge bereits in der Antike gegeben. Im demokratischen Athen des 5. und 4. Jh. v. Chr. war öffentliches Bauen eine Sache der Polis, des Stadtstaates: Die Volksversammlung beschloß etwa, einen Tempel zu errichten, formulierte Zielvorgaben über Aussehen und Kosten des Bauwerks, beauftragte dann verschiedene Architekten mit jeweils einem Entwurf und stimmte hierüber ab. Die Realisation wurde dann einer »Baubehörde« übertragen; sie überwachte die Finanzierung, leitete die Ausschreibung und Durchführung der einzelnen Gewerke und trieb nötigenfalls fällige Konventionalstrafen ein.

Die Geschichte des modernen Architekturwettbewerbs beginnt am Anfang des 15. Jh. Für die Überkuppelung des Doms von Florenz wurden von verschiedenen Architekten Gutachten erbeten; Filippo Brunelleschis Vorschlag setzte sich durch und wurde zwischen 1419 und 1436 realisiert. Zu einem üblichen Vorgang wurden Architekturwettbewer-

be aber erst gegen Ende des 18. Jh. Hier dominierte bei weitem der eher gestalterisch geprägte Ideenwettbewerb (und nicht der heute in der Praxis vorherrschende, eher technisch geprägte Realisierungswettbewerb); Ziel der meist staatlichen oder kommunalen, selten privaten Auftraggeber bzw. Initiatoren war es, ein möglichst umfassendes, zugleich mit zuvor formulierten Grundvorstellungen über das Projekt konformes Paket von Vorschlägen für die bauliche Ausgestaltung eines geplanten Projektes zu erhalten. Wettbewerbsverfahren konnten und können dabei offen sein (also ohne Teilnehmerbeschränkung) oder aber geschlossen; hier werden dann nur Konzepte einzelner, direkt angesprochener, vorausgewählter Teilnehmer berücksichtigt.

Die Konkurrenzfähigkeit einzelner Architekten in solchen Architekturwettbewerben war erheblich abhängig von den Fähigkeiten, Visionen und Konzepte modellhaft-plastisch einer Jury zu vermitteln. Dem Architekturmodell, vor allem aber auch imaginär-illusionistischen, großformatigen Ansichtszeichnungen kam hier entscheidende Bedeutung für den Erfolg eines Entwurfs im Wettbewerb zu. Für seine geplante Kuppel des Doms von Florenz ließ Brunelleschi ein Holzmodell erstellen, das wesentliche Merkmale seines Konzepts besser als eine Zeichnung visualisierte. Zahlreich erhalten und von besonderer architekturhistorischer Bedeutung sind zeichnerische Unterlagen der großen Architekturwettbewerbe des späten 18. und des 19. Jh., u. a. für das Weiße Haus in Washington (1792), die Walhalla bei Regensburg (1814), die Houses of Parliament in London (1835/36), die Pariser Oper (1861) und den Berliner Reichstag (1872/82). Von besonderem Interesse sind dabei die unrealisiert gebliebenen Entwurfsalternativen dieser klassizistisch-historistischen Bauprojekte. Sie bilden heute eine wichtige Ergänzung für das umfassende Verständnis dieser Architekturepoche. Carl von Fischers Entwurf zur Walhalla (**142**) stellte einen überkuppelten Zentralbau in der Art des Pantheon in Rom vor; der Ausschreibungsanforderung nach einer Verwendung der griechisch-dorischen Bauordnung (als Zeichen würdevoller Gravität) kam Fischer nach, indem er dem Kuppelbau eine achtsäulige dorische Tempelfront vorsetzte – wie bei von Klenzes schließlich realisiertem Entwurf ein Rückgriff auf den Parthenon von der Athener Akropolis, allerdings nicht als exklusives Zitat, sondern als Verschmelzung architektonischer Höhepunkte der griechischen und der römischen Antike. Parthenon und Pantheon formen dabei eine homogene Verbindung. Wie sehr architektonische Vorstellungen der Auftraggeber bzw. Bauträger eingereichte Entwürfe prägen (und dabei auch formal limitieren) können, zeigt die Visualisierung des Berliner Reichstags durch die Architekten Hermann Ende und Wilhelm Böckmann: In allen wesentlichen baulichen Strukturen ähnelt ihr Entwurf dem später realisierten Konzept Paul Wallots in verblüffender Weise.

Architekturwettbewerbe sind heute bei nahezu allen größeren Bauprojekten üblich, und die Transparenz des Verfahrens ist in fast allen Ländern gesetzlich reglementiert – was Streit und öffentliche Diskussion um Bauprojekte indessen keinesfalls ausschließt, wie erst jüngst die Umgestaltung des Berliner Reichstagsgebäudes durch Sir Norman Foster oder die Debatte um das Jüdische Museum in Berlin von Daniel Liebeskind zeigten. Zahlreiche Fachzeitschriften informieren über Wettbewerbsausschreibungen und einschlägige Bedingungen. Die seit dem 19. Jh. zuhauf entstandenen Architekturpreise mit ihren eigenen Wettbewerben bilden neben dem auf Realisierung einer Bauidee ausgerichteten Architekturwettbewerb der Bauträger heute ein zweites Forum zur Präsentation modellhaft ausgestalteter Architekturvisionen.

[142] Carl von Fischer, Entwurf für die Walhalla bei Regensburg, ca. 1809/10

Chicago Architecture –
Die Genese des Wolkenkratzers

Es sind nicht selten große Desaster und Unglücke,
die der Architekturgeschichte und dem Siedlungsbau wesentliche Impulse gegeben haben. Der Brand
von Rom 64 n. Chr., die verheerenden Feuer von
London 1666 oder Hamburg 1842 oder das Erdbeben von San Francisco 1909 waren Ereignisse, die
neben aller Tragik der Zerstörung zugleich zu großflächigen Neubebauungen nach jeweils modernsten
Maßstäben geführt haben – und damit zugleich auch
zu architektonischer Innovation.

Neben den Metropolen der Ostküste war Chicago
als wichtigster Knotenpunkt für Verkehrswege und
Handelsströme zwischen Ost und West eine der am
schnellsten und radikalsten expandierenden Städte
Amerikas. Zwischen 1850 und 1870 explodierte die
Zahl der Einwohner, die von einer hemmungslos
boomenden Wirtschaft magisch angezogen wurden,
von knapp 30 000 auf weit über 300 000; in jenen
Jahren war Chicago die bei weitem größte Siedlung
der USA. Wie ein Schock wirkte hier das Großfeuer,
das 1871 fast die gesamte innere Stadt in Schutt und
Asche legte.

Das bald nach dem Brand in einer riesigen Kraft-
anstrengung wiederaufgebaute Chicago wurde zum Synonym architektonischer Modernität, zum Impulsgeber einer pragmatischen, »amerikanischen« Bauweise. Erheblicher Mangel an verfügbarem Grund
und Boden innerhalb des relativ kleinen Innenstadt-
bereichs, aber auch die immense, alles Angebot über-
steigende Nachfrage nach Geschäfts- und Büroraum
machte einen konsequenten Hochbau unumgänglich:
Bauten entstanden, die neben ihrer Geschoßvielzahl
zugleich eine möglichst luftige, für Geschäfts- und
Präsentationszwecke dienliche Basis mit zur Straßenfront hin angeordneten Schaufenstern und Arkaden-
gängen aufweisen sollten. Das waren Anforderun-
gen, die in der konservativen Steinbauweise aus statischen Gründen nicht umsetzbar waren. Im Chicago

der 1870er Jahre war es die um 1840 erstmals in England entwickelte Eisen- bzw. später Stahlskelettbauweise, die hier Abhilfe schuf. Metallstreben formten den Rahmen für eine in diese Streben quasi fachwerkartig eingelassene Steinbauweise. Zum Pionier dieser Technik wurde Leroy S. Buffington, der das englische Vorbild variierte, verbesserte und alsbald zahlreiche Patente für hochbaugeeignete Metallkonstruktionen hielt, die mittels fest verbundener T- bzw. Doppel-T-Träger lichte und dennoch stabile Konstruktionen mit mehr als 25 Geschossen ermöglichten (**143**). Das damals für Chicago typische, vielgeschossige Kontorgebäude in Skelettbauweise mit mehr oder weniger spärlich dekorierter, aber reich durchfensterter Fassade, prunkvollem Attika-Abschluß des flachen Daches und einem zu Präsentationszwecken nutzbaren, optisch herausgehobenen Basisgeschoß mit einem hochherrschaftlichen *piano nobile* darüber wuchs in den 1880er Jahren an fast allen Straßenfronten der Chicagoer Innenstadt aus dem Boden (**144, 145**).

Diese »Chicago Architecture« wurde zum Vorbild auch für andere amerikanische Metropolen, deren urbane Probleme ähnlich gelagert waren: Zu wenig Grund und Boden in gut erschlossenen Citylagen, enormer Bedarf an umbautem Raum. Das Hochhaus wur-

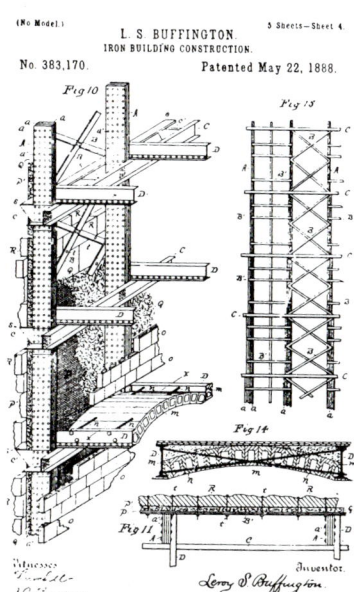

seit 1929 Entstehung und Konsolidierung der UdSSR unter Stalin
1933
Adolf Hitler zum Reichskanzler Deutschlands berufen; Ende der Weimarer Republik und Beginn der Nazi-Diktatur
1936–39
Spanischer Bürgerkrieg
1939–45
Zweiter Weltkrieg; Holocaust in Deutschland und den von Deutschland besetzten Gebieten

[143] Seite 4 der insgesamt fünf Seiten umfassenden Patentschrift für Leroy S. Buffingtons ›Iron Building Construction‹, patentiert am 22. Mai 1888. Das Patent befaßt sich mit einer Maximierung horizontaler wie vertikaler Statik im Hochbau und propagiert die enorme Belastbarkeit von T-Trägern.

[144] William LeBaron Jenney, Home Insurance Building, Ecke LaSalle/Adams Street in Chicago, erbaut 1884. Ansicht aus dem Jahr 1897. Der epochemachende Bau, das erste »echte« Hochhaus Chicagos, wurde in den 1930-er Jahren abgerissen.

[145] Blick von der Washington in die State Street, Chicago. Im Zentrum das Reliance Building, 1895 von Daniel Hudson Burnham erbaut. Foto von 1928

de zum entscheidenden Architekturtyp rationalen, kapital- und verwertungsorientierten Bauens der Moderne – und ist es bis in die Gegenwart geblieben. Inbegriff der platzsparend erbauten Hochhausarchitektur ist heute der New Yorker Stadtteil Manhattan; die dortige Architektur der *skyscraper* ist indessen von der Entwicklung in Chicago massiv beeinflußt und technisch wie formal intendiert. Wie sehr jede sich bietende Gelegenheit zur Errichtung spektakulärer Hochbauten genutzt wurde, zeigt das *flatiron*, das von Daniel Hudson Burnham 1902 errichtete Fuller Building (**146**): Es nutzt ein eigentlich kaum bebaubares, dreieckiges, äußerst schmales Gelände am Zusammentreffen von Broadway und Fifth Avenue in New York für ein 20geschossiges, monumentales Hochhaus in Metallskelettbauweise.

Hochhausbau jedweder Art ist nicht denkbar ohne zwei weitere amerikanische Erfindungen: Lift und Klimaanlage. Beides sind ebenfalls Entwicklungen des 19. Jh. und gingen mit dem Hochhausbau einher. Der von Elisha Graves Otis entwickelte, 1857 erstmals vorgestellte sprungfedergesteuerte Lift war *conditio sine qua non* jedes Hochhauses mit mehr als sechs Geschossen; die allgegenwärtige und mittlerweile auch weitgehend verläßliche, durch den Elektromotor entscheidend verbesserte Erfindung (Otis' Name lebt weiter in der bis heute tätigen Fahrstuhl-

Fabrik Flohr & Otis) hatte indessen lange Zeit kein gutes Image – zu zahlreich waren Unfälle und Abstürze. *Air conditioning* wurde als Begriff vom Erfinder Stuart W. Cramer geprägt, der 1906 ein Patent für »künstliches Wetter« in Hochhäusern anmeldete – Belüftung über ein den gesamten Bau durchziehendes System von Ventilatoren und Frischluftröhren. Die Gefahr durch geöffnete Fenster und den unkalkulierbaren Luftzug in über 100 m Höhe war bis dahin ebenso evident geworden wie die Notwendigkeit des Schutzes vor in Bodennähe schwebendem Industriesmog.

[146] Daniel Hudson Burnham, *flatiron* (Fuller Building), New York, 1902. Kolorierte Fotografie, um 1915

Antonio Gaudí – Zurück zur Natur?

Aus der Sicht des Historikers ist der Katalane Antonio Gaudí y Cornet (1852–1926) gewiß der einflußreichste Architekt Spaniens und ein Pionier expressionistischer Architektur (vgl. S. 148). Als Gaudí indessen 1878 seinen Erstling, einen Entwurf für die Casa Vicens in Barcelona, vorstellte, löste er große Empörung aus: Ein alptraumhaftes Gemisch aus maurischen und gotischen Elementen war zu besichtigen, eine gebogene, bald zurück-, bald vorspringende, mit weichen Rundungen versehene Fassade, die unmittelbar an Gaudís Herkunft aus einem metallverarbeitenden Betrieb erinnerte, pilzförmige Dächer und Türmchen, das Ganze in grellen Farben gehalten und auf einem labyrinthisch-unverständlichen Grundriß fußend.

[147] Antonio Gaudí, Casa Milá, Barcelona 1905–10, Grundriß. Die um Höfe herum gruppierten, vollkommen asymmetrisch und in sich krumm und gebogen gestalteten Räume liegen in ihren Ebenen versetzt; sie sind über ein Gewirr von Treppen und Rampen erreichbar.

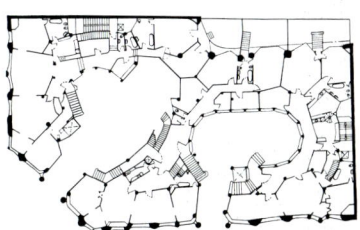

[148] Antonio Gaudí, Casa Batló, Barcelona 1905–07: ein Musterstück expressionistischer Gaudí-Architektur, dekoriert mit zahlreichen farbigen Kacheln und plastisch geschmückt mit Buckeldach, wulstigen Balkongeländern und einem Türmchen

[149] Antonio Gaudi, Kathedrale Sagrada Familia, Barcelona, 1883–1926

In den Zeiten eines akademischen Historismus war so ein von allen historischen Bauformen abweichender Irrationalismus ein Schock, der sich indessen zur vieldiskutierten Sensation wandelte, als Gaudí in den darauf folgenden Jahren weitere Häuser in diesem markanten Design entwarf (147) und – Dank des Mäzens Graf Güell, eines wohlhabenden Industriellen – auch realisieren konnte. Neben verschiedenen Stadthäusern (148) entstand eine Residenz für den Mäzen (1885–89) und ein nach ihm benannter Park in Barcelona (1900). Die Architekturkritik überschlug sich, und noch heute muß man zu kühner und plastischer Sprache greifen, um Gaudís Architektur halbwegs angemessen zu würdigen. Der Bauhistoriker Wolfgang Pehnt etwa formulierte: »Nach der Jahrhundertwende zog Gaudí die geistreichen, wilden Erfindungen und Kompilationen seiner Frühwerke zu großen skulpturalen Massen zusammen ... Jetzt wurden die Bauwerke zu animistisch belebten Gebilden, die sich nach ihren eigenen Gesetzen aufzubäumen, aufzuschluchten, Glieder aus sich hervorzutreiben, Formen aus sich herauszublähen scheinen. Die Casa Milá ... [z. B.] ist ein Fels mit vielen Kavitäten, der vom Seetang der schmiedeeisernen Balkonbrüstungen überspült scheint ... Wo das Programm des Noch-nie-Gesehenen herrscht, wird Überraschung durch das Absurde alsbald zur Regel.«

Architektur als lebende, natürliche Masse: Dieser Traum der akademischen Architekturtheorie, die sprichwörtliche »Urhütte« (39) schien hier – unter den Händen eines der Architekturtheorie vollkommen Unkundigen – Gestalt anzunehmen. Gaudís Häuser gemahnen an ausgestaltete Höhlen, an plastisch geformte Erdhaufen, an bewohnte Pflanzen – an eine merkwürdig reale Märchenwelt. Baumaterialien und Farbigkeit der Architekturen unterstützen diesen Eindruck von äußerster Naturnähe, der zugleich mit metallisch-scharfen Graten und Spitzen auch immer wieder konterkariert wurde. Gaudí schuf hier einen Trend, der bis in die Gegenwart andauert: zurück zur Natur, zur naturnahen, ökologischen Architektur. Was bei Gaudí noch gebrochen und fragil erscheint, findet sich in den Bauten eines Friedensreich Hundertwasser in gegenwärtig-modernem Sinn, gewissermaßen »politisch-korrekt« vollendet (vgl. S. 148).

Als Hauptwerk und zugleich Vermächtnis Gaudís gilt die Kathedrale Sagrada Familia in Barcelona (**149**). Der ursprünglich in neogotischem Stil geplante und begonnene Bau war ein liegengebliebener Torso, der Gaudí 1883 von der Stadtverwaltung überantwortet wurde. Der Künstler formte das Ganze um zu einer gewaltigen, himmelwärts gerichteten Skulptur, zu einem märchenhaften Monument expressionistischer Architektur mit riesigen Dimensionen. Der Bau beschäftigte Gaudí gewissermaßen als ein durchlaufendes »Geländer« seiner Architekturphantasie sein ganzes Architektenleben und war bei seinem Tod im Jahr 1926 unfertig; bis heute wird hier nach Gaudís Plänen gebaut.

Gaudís Architektur machte Schule, besonders in Spanien. Zahlreiche Architekten folgten, nachdem sein Stil vom spanischen Establishment zunächst zögernd akzeptiert, später dann rückhaltlos gefeiert wurde, der Formensprache des Meisters. Zum bedeutendsten Epigonen und »Nachfolger« Gaudís avancierte sein einstiger Mitarbeiter Josep Maria Jujol (**150**).

[150] Josep Maria Jujol, Torre de la Creu, San Joan Despi 1913–16. Noch zu Lebzeiten Gaudís entstand ein »katalanischer Expressionismus«, der sich an seinen Architekturvorstellungen orientierte.

»Form follows Function« – wohl selten ist das zentrale Credo der architektonischen Moderne, ein dem Amerikaner Louis Sullivan (1856–1924) zugeschriebenes Schlagwort, konsequenter umgesetzt worden als in der Industriearchitektur: einer Bauaufgabe, die mit der Mechanisierung der Manufakturen und der beginnenden Massenproduktion im frühen 19. Jh. zunehmend an Bedeutung gewann. Industriearchitektur war dabei nicht nur Demonstrationsgegenstand für bautechnische und baugestalterische Modernität, sondern wurde auch als ein besonders hervorragendes Repräsentationsmedium verstanden – ideal geeignet, wirtschaftliche, gesellschaftliche oder soziale Ambitionen des fabrikbesitzenden Bauherrn oder eines Konzerns in seinem unmittelbaren Umfeld zu visualisieren.

Eine universelle, damit auch unter gebrauchspraktischen Gesichtspunkten anzuwendende Formbarkeit von Baustrukturen war mit der »technischen Revolution« des 19. Jh. erreicht; die ausgeklügelten Konstruktionen aus Ziegel, Eisen und Glas (vgl. S. 125ff.) hatten hier den Weg gewiesen.

Ein zentraler, auch die äußere Form determinierender Faktor der Industriearchitektur des 19. und frühen 20. Jh. war das Licht. Ein wichtiges Bauziel bestand darin, geräumige, im Inneren flexibel und in bezug auf die Produktion bestimmungsgerecht nutzbare Hallen zu errichten, die maximal mit Tageslicht versorgt werden konnten. Besonders in den Jahren vor der allgemein gebräuchlichen Nutzung elektrischer Energie zur Lichtgewinnung war dies ein die Produktivität erheblich steigernder Faktor. Die Folge waren Bauten mit filigranen architektonischen Hüllen – entweder Gebäude mit riesigen Fensterfronten aus verglasten Eisenverstrebungen oder aber solche, deren Ziegelmauern bis an die Grenze der statischen Möglichkeit von unzähligen kleineren Fenstern regelrecht aufgelöst waren (z. B. die 1909/10 erbaute Kammgarnfabrik in Augsburg, im Volksmund bis heute »Glaspalast« genannt).

Zugleich wurde Wert auf ein schmückendes Äußeres gelegt; nicht selten sind Fabrikgebäude des 19. Jh. mit einem Dekor versehen, der demjenigen öffentlicher Staatsbauten nahekam. Denn das Fabrikgebäude, damals meist auf Privatgelände des Besitzers und nicht selten in räumlicher Nähe zu dessen Residenz gelegen (z. B. die Villa Hügel und die Krupp-Werke in Essen), wurde auf diese Weise zum Bestandteil der Repräsentation einer an den aristokratischen Idealen orientierten Schicht »neureicher« Industrieller.

Neben diesen grundsätzlichen Aspekten ist der Industriebau im 20. Jh. in besonderer Weise auch

[151] Peter Behrens, Turbinenhalle des AEG-Werkes in Berlin-Wedding, Hauptfassade mit AEG-Signet im »Giebel« der Halle

ein Gegenstand architektonischer Pionierleistungen geworden – ein werbendes, imagebildendes Mittel und als solches in dem Maße gesteigert, in dem sich einzelne Fabriken zu Konzernen, zu abstrakten, entpersonifizierten Aktiengesellschaften wandelten – immer weiter losgelöst von dem einstmals engen Verhältnis eines privaten Besitzers zu »seiner« Fabrik.

Ein beredtes Beispiel ist die von Peter Behrens, einem bedeutenden deutschen Architekten des Expressionismus (vgl. S. 148), konzipierte und 1908–09 erbaute Turbinenhalle der AEG-Betriebe in Berlin-Wedding (151). Das von hohen Fensterfronten durchzogene, lichtdurchflutete Bauwerk zeigt dem Betrachter sein statisches Gerüst ganz unverblümt, bekommt auf

diese Weise jedoch einen gestalterischen Zug, der an antike Tempelanlagen mit ihrer auf Säulen fußenden Statik erinnert. In diesem Sinne erscheint dann auch, als ein Höhepunkt der Außendarstellung, das kunstvoll gestaltete AEG-Signet im »Giebel« des Gebäudes – an der Stelle der plastisch inszenierten Götter und Helden des antiken Tempelgiebels. Behrens' Bau kontrastiert mit den älteren Baulichkeiten der AEG-Betriebe – einer von zinnenbewehrten Mauern umschlossenen klassizistischen Anlage – und vermittelt demgegenüber ein gewolltes Image von Modernität, nicht aber ohne auf historische Bau- und Repräsentationsmuster zurückzuverweisen.

Ein Meilenstein des modernen Industriebaus ist die 1910–14 er-

[152] Walter Gropius und Adolf Meyer, Verwaltungsgebäude des Fagus-Werks in Alsfeld an der Leine

richtete Fagus-Schuhfabrik in Alsfeld an der Leine (152). Architekten waren Adolf Meyer und der junge Walter Gropius. Das Verwaltungsgebäude, ein dreigeschossiger, langrechteckiger Kubus mit statisch ausgeklügelter Glas-Stahl-Fassade und darin wie an unsichtbaren Punkten eingehängt wirkenden Geschossen und Treppenhäusern, wurde auf der Kölner Werkbund-Ausstellung von 1914 viel diskutiert und begründete den Ruf von Gropius als Pionier der Moderne (vgl. S. 144ff.).

Ein besonders engagierter Förderer zeitgenössischer Architektur war und ist der Olivetti-Konzern in Italien. Bereits die in den 1930er Jahren im rationalistischen Stil der

»faschistischen Moderne« (vgl. S. 150f.) geplanten, damals nur teilweise errichteten Fabrikanlagen in Ivrea nahe Turin waren ein Musterbeispiel gegenwartsnaher Industriearchitektur. Der Name Olivetti ist dann maßgeblich verknüpft mit der Fortführung des *razionalismo* in der Nachkriegszeit; die Vollendung der Anlagen von Ivrea, vor allem aber der Neubau der Fabrik für Telekommunikationsanlagen in Pozzuoli nahe Neapel (153), 1951–53 von Luigi Cosenza realisiert, sind heute unstrittige Meilensteine italienischer Architekturgeschichte. Zahlreiche weitere Industriebauten haben sich an diesen Vorbildern orientiert. Der in Pozzuoli auf einstmals antik bebautem Terrain errichtete Komplex folgt mit seinen lichtdurchfluteten, aber verstreut im Gelände angelegten Kernbauten und seinen zahlreichen, auf mehrere Ebenen gesetzten, säulengestützten Verbindungs- und Wandelgängen dem Prototyp einer antik-römischen Villa, wie sie Hadrian im 2. Jh. n. Chr. bei Tivoli nahe Rom errichten ließ.

Bauten für Industrie, Handel und Dienstleistungsunternehmen sind heute erstrangige Prestigeobjekte, gewissermaßen »Aushängeschilder« der Unternehmen. Der zeitgemäßen Gestaltung der Architekturen kommt dabei für die Firmenphilosophie imageprägende Bedeutung zu, was den z. T. erheblichen Aufwand, wie beim Sie-

[153] Luigi Cosenza, Blick ins »Atrium« im Hauptgebäude der Olivetti-Fabrik in Pozzuoli. Aufnahme von 1955

mens-Verwaltungsbau in München (**154**), begründet. Die Form folgt nur noch sehr bedingt der technisch motivierten Funktion; Repräsentation und *corporate identity* treten in den Mittelpunkt.

[154] Siemens Bürogebäude, St.-Martinstraße, München 1992. Entwurf: Siemens Bauabteilung. Der als »offene«, nutzneutrale Bürostadt konzipierte Komplex vermittelt gleichermaßen Modernität und solide Gediegenheit.

[155] Jugendstil-Interieur: Victor Horta, Halle des Hauses van Eetvelde, Brüssel, 1897–1900

Adolf Loos und die Architektur des Jugendstils

Der Jugendstil, benannt nach der 1896 erstmals erschienenen Münchner Zeitschrift ›Jugend‹ (internationale Synonyme: *Art nouveau*, *Modern Style*, *Stile Liberty*), war nichts weniger als eine alle Gebiete der Dekoration und des Designs umfassende Revolution: Der erste kohärente Stil, der historische Vorbilder, wie sie im Historismus des späten 19. Jh. exzessiv verwendet worden waren, insgesamt radikal negierte. Hauptkennzeichen sind vegetabile Formen, gekurvte Linien, bewegte figürliche oder abstrakte Ornamente. Zunächst auf Grafik und Malerei, Möbeltischlerei, Textilkunst, Porzellan und Metallgerät beschränkt, entstand um 1890 eine spezifische Architektur, die nicht nur mit im Sinne des Jugendstils applizierten Ornamenten reich dekoriert war, sondern in plastischer Ausprägung und extremer Farbigkeit die Prinzipien des Jugendstils propagierte. Heute weithin bekannte Musterbeispiele einer ornamental-verspielten, farb- und formenreichen Jugendstilarchitektur sind die von Hector Guimard konzipierten Eingangsgebäude zu den Stationen der im Jahr 1900 eröffneten Pariser Metro; die filigranen Bauten aus Eisen und Glas wurden erst jüngst mit großem Aufwand restauriert. Die Charakteristik des Jugendstils als Universaldesign kam in besonderem Maß bei der architektonischen Gestaltung von Innenräumen zur Geltung.

[156] Charles Rennie Mackintosh, »Landhaus eines Künstlers«, 1901. Der unrealisiert gebliebene, graphisch fast im Stil Bildender Kunst ausformulierte Bauentwurf zeigt Mackintoshs Vision einer Jugendstilarchitektur. Aquarellierte Bleistift- bzw. Federzeichnung

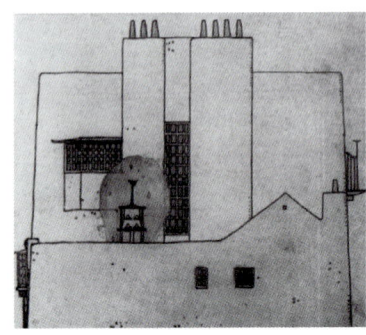

Maßstäbe setzten hier der Belgier Victor Horta (**155**), später sein Landsmann Henry van de Velde. Eine überaus einprägsame und erfolgreiche Verschmelzung von Jugendstildesign und Architektur gelang ferner dem Schotten Charles Rennie Mackintosh (**156**); als eines seiner Hauptwerke gilt die nach 1896 erbaute School of Art in Glasgow.

Überbordender Ornamentreichtum, sich steigernde Formexzesse führten indessen alsbald zu einer Gegenströmung. Zentrum dieser Bewegung war Wien,

[157] Otto Wagner, Majolika-Haus, Wien, Linke Wienzeile 40. Foto des gerade (1899) vollendeten Gebäudes. Dachkante, Eisengeländer und vor allem die farbige Majolikadekoration erinnern an den Jugendstil, nicht aber der kubisch-abstrakte Baukörper.

wo zunächst Otto Wagner (1841–1918), später auch einige seiner Schüler wie Joseph Maria Olbrich und Josef Hoffmann versuchten, einen »gemäßigten« Jugendstil zu realisieren. Wagner griff auf kubische, schlichte Formen zurück (**157**), deren Dekorationen zwar markant im *Art nouveau* verwurzelt blieben, deren abstraktes Äußeres jedoch die modisch-zeitgebundenen Jugendstilformen aufheben sollten. Sein Traktat ›Moderne Architektur‹ (1895) versuchte, diese Jugendstilvariante als zeitlos gültig hinzustellen und theoretisch zu legitimieren. Sie stand in scharfem Kontrast zur expressionistischen Architektur, die dem »alten« Jugendstil verpflichtet war (vgl. S. 148).

Diese *Wiener Sezession* war der Boden, in dem der in Mähren gebürtige, später dann überwiegend in Österreich tätige Architekt Adolf Loos (1870–1933) mit seinen teilweise äußerst radikalen Vorstellungen und Konzepten verwurzelt war. Nicht zu Unrecht wird in den Bauten von Loos oft das eigentliche Ende des *Art nouveau* und sein Übergang in die Klassische Moderne gesehen. Seine polemischen Essays, veröffentlicht in verschiedenen Zeitungen und Zeitschriften, später auch in Buchform (Berühmtheit erlangt hat sein Traktat mit dem Titel ›Ornament und Verbrechen‹) geißelten den Hang zu überschwenglicher Dekoration, vor allem aber auch jede Form einer in der Vergangenheit verhafteten Architektur als ein Grundübel der Gegenwart. Seine Bauten, darunter zahlreiche Wiener und Prager Stadthäuser, sind aber dennoch keineswegs spartanisch; im Innern dominiert ein raffinierter Luxus, außen herrschen klare Konturen und rationale Fassadengliederungen vor, ohne indessen auf repräsentative Elemente zu verzichten. Sein 1909–11 erbautes Wohn- und Geschäftshaus Goldmann & Salatsch am Michaelerplatz in Wien etwa erhebt sich als schlichter weißer kubischer Baukörper auf einem prunkvoll marmorierten, überhöhten Basisgeschoß (158).

[158] Adolf Loos, Wohn- und Geschäftshaus Goldmann & Salatsch, Wien, Michaelerplatz, 1909–11

Das Bauhaus

Das Bauhaus steht heute nachgerade synonym für Architektur und Lebensstil der Klassischen Moderne in Deutschland: für künstlerisch-intellektuelle Innovation der Weimarer Republik, für eine Architektur der klaren Linien, für eine kettenförmige Addition kubischer Bau- und Designkörper, von Würfeln und Rechtecken, für funktional durchgestylte Innenräume. Nichts macht dieses Image deutlicher als die britische Rock-Gruppe, die sich in den frühen 1980er Jahren programmatisch »Bauhaus« nannte, um mit ihrer abstrakten Musik Modernität zu verkünden. Die markant konturierte Gestaltung von Industrieprodukten war das gegen den verschnörkelten Spätjugendstil und den Expressionismus (vgl. S. 148) gerichtete Grundziel des »eigentlichen« Bauhauses der späten 1920er Jahre, und nicht nur deshalb umschloß das Konzept, wie der Jugendstil selbst, weit mehr als nur Architektur, nämlich eine umfassende Idee von modernem, zeitgemäßem Gestalten.

Der Begriff Bauhaus ist unmittelbar mit seinem Begründer und Erfinder Walter Gropius verknüpft, der 1919 Henri van de Velde als Leiter der Weimarer Kunstgewerbeschule folgte. Obwohl er in den folgenden Jahren den Bereich Architektur umfassend ausbaute, sah er immer den engen Zusammenhang mit anderen handwerklich-designerischen Bereichen und beließ daher diesem »neuen« Bauhaus seinen »alten« Charakter einer universellen Handwerkerschule. Die in Weimar ungeliebte Institution siedelte 1925 nach Dessau um; ein nicht unwillkommener Traditionsbruch. Das unter Gropius tätige künstlerische Lehrpersonal liest sich heute wie ein *Who is Who* der Moderne: Johannes Itten, Paul Klee, Wassily Kandinsky, Marcel Breuer, Josef Albers, Lionel Feininger und weitere prominente Künstler und Kunstgewerbler hatten hier Ateliers und Lehrwerkstätten.

Die umfassend radikale Bauhaus-Idee, deren wichtigster Kern die völlige Neuorientierung von Architektur und Design hin auf die Bedürfnisse der Gegenwart und damit die ebenso völlige Ablehnung formaler Rückgriffe auf historische Vorbilder war, ist indessen nicht aus einer momentanen Eingebung des Bauhausgründers Gropius entstanden, sondern hatte wichtige Vorläufer: zum einen die deutsche Werkbund-Bewegung, die sich um eine 1914 veranstaltete Ausstellung formierte, sich dann aber in ideologischen Kontroversen heillos zerstritt (legendär ist der erbitterte Disput um den Gegensatz von Standardisierung und künstlerischer Kreativität zwischen den »Werkbündlern« Henri van de Velde und Hermann Muthesius). Als Reaktion auf die englische *arts-and-crafts*-Bewegung gegründet, formulierte der Werkbund seine Architekturvisionen vor allem in Industriebauten; neben Peter Behrens (**151**) und Hans Poel-

[159] Walter Gropius, das Bauhaus, Dessau 1925/26

[160]   Gerrit Thomas Rietveld: Haus Schröder in Utrecht, erbaut 1924

zig war auch Walter Gropius selbst, der einige Zeit für Behrens gearbeitet hatte, in jungen Jahren ein vehementer Vertreter dieser Architekturschule (152).

Massive Impulse verdankte das Bauhaus der von Theo van Doesburg (1883–1931) initiierten holländischen Künstler- und Architektengruppe *De Stijl* (benannt nach dem Titel einer Design-Zeitschrift). Wie im späteren Bauhaus fanden auch hier Architektur, Design und Bildende Kunst in einem unmittelbaren Verschmelzungsprozeß zusammen. Wichtigster Exponent der *De Stijl*-Bewegung war zunächst der Maler Piet Mondrian. Maxime war die Abstraktion, ein wesentlicher Anknüpfungspunkt dabei der spanisch-französische Kubismus eines Pablo Picasso. Den universellen, Kunsthandwerk und Architektur überspannenden Anspruch der *De Stijl*-Bewegung und die immense Bedeutung für das Bauhaus hat der zunächst als Tischler und Möbeldesigner ausgewiesene Gerrit Thomas Rietveld, weltberühmt durch seinen 1922/23 konstruierten, heute vielfach nachgebauten »roodbleuwe stoel« (»rot-blauer Stuhl«; u. a. in New York, Museum of Modern Arts), paradigmatisch verkörpert. Sein 1924 erbautes Haus Schröder in Utrecht (160) mit einer wie ein Mobile aus rechteckigen, rational ineinandergreifenden Flächen gestalteten, variablen Wand-Fenster-Struktur der äußeren Hülle und den versetzten, unsichtbar eingehängten, wie schwebend wirkenden Geschoßebenen im Inneren wurde zum bahnbrechenden Muster der Bauhausarchitektur.

Zum Referenzwerk der Bauhausarchitektur geriet der von Gropius geplante und binnen zwei Jahren (1925/26) auch weitgehend realisierte neue Komplex der Kunstschule in Dessau (159). Werkstattgebäude, Kantine und Studentenhaus folgten strikt den Normen des Bauhausdesigns; vor allem die »Künstler-Häuser«, die Wohnhäuser des Lehrpersonals, gelten heute in äußerer Form wie im Interieur als Meisterleistungen der Bauhaus-Architektur. Sie sind jedoch ohne Rietvelds Haus Schröder eigentlich kaum vorstellbar. Verschiedene nach Bauhaus-Maßstäben errichtete Neubausiedlungen (z. B. Stuttgart, Weißenhof-Siedlung, Supervision: Max

[161] Le Corbusier und Pierre Jeanneret: Doppelhaus 14/15 der Weißenhof-Siedlung in Stuttgart, erbaut 1927

Taut, 1927, **161**; Köln, Siedlung Kalkerfeld, Planung: Wilhelm Riphahn, 1927; Dessau, Siedlung Törten, Entwürfe: Walter Gropius, 1926–28) haben dem Anspruch des Bauhausgedankens auf Massenwirksamkeit und seinem Image als ultimative Gegenwartsarchitektur dann beredt Ausdruck verliehen.

Mit Gropius' Rücktritt von der Bauhausleitung und der von ihm favorisierten Berufung des Architekten Ludwig Meyer zum Nachfolger (1928) veränderte sich die interne Balance des Bauhauses hin zu einer Architekturschule. Nach Meyers politisch motivierter Absetzung 1930 verstärkte sein Nachfolger, der Architekt Ludwig Mies van der Rohe, diese bis heute imageprägende Akzentsetzung. Sein 1929 realisierter Pavillon für die Weltausstellung in Barcelona (**162**) zeigt die Fortentwicklung der Bauhausideen: immer weitergehende Abstraktion, Auflösung jeder materialdominierten Tektonik, Reduktion der Architektur auf

[162] Ludwig Mies van der Rohe: Deutscher Pavillon für die Weltausstellung in Barcelona 1929. Zustand 1991

ein statisches Minimum und Interferenz zwischen Innen und Außen.

Im Jahr 1932 wurde, dem Druck der radikalfaschistischen Rechten vorauseilend nachgebend, das Dessauer Bauhaus geschlossen; seine Protagonisten Gropius und Mies van der Rohe emigrierten,

nicht jedoch ohne sich zuvor (erfolglos) an Wettbewerben für prominente NS-Architekturprojekte (z. B.
Reichsbankgebäude, Berlin) beteiligt zu haben. In
den USA sind die Bauhausideen von Beginn an rezipiert und den dortigen Bedürfnisssen angepaßt worden. Die sich ewig wandelnde Architektur eines In-
dividualisten wie Frank Lloyd Wright wäre ohne das
Bauhaus kaum vorstellbar, und Gropius wie Mies
van der Rohe wurden hier zu vielbeschäftigten und
vielbeachteten Architekten.

Expressionismus – Rudolf Steiners Goetheanum und die Hundertwasser-Bauten

In seiner bahnbrechenden Monographie ›Architektur des Expressionismus‹ (1973 und öfter) hat der
Kölner Bauhistoriker Wolfgang Pehnt Architekturen
der Moderne versammelt, die in »expressionistisch«
sprechender Manier fast skulpturenartig geformt
sind und mittels dieser die Tektonik negierenden,
ausdrucksstarken Gestaltung von jeweils markanten
ästhetischen, politischen, religiösen oder sozialen
Vorstellungen ihrer Erbauer künden. Das Grundkonzept dieser Bauten geht zurück auf die *architecture
parlante*, ein von französischen Architekturtheoreti-
kern des 17. und 18. Jh. ersonnenes Konzept semio-
tisch-semantischer, »sprechender« Baugestaltung
(vgl. S. 114); ein bedeutender Architekt dieser expressionistischen Bauauffassung im frühen 20. Jh. war
Antonio Gaudí (s. S. 135).

[163] Rudolf Steiners
Goetheanum in Dornach,
Schweiz, 1924–28: Blick
auf die Südwestseite im
Abendlicht

Rudolf Steiner, berühmt-umstrittener Begründer der Anthroposophie, griff dieses Architekturverständnis auf, als das gerade eingeweihte Goetheanum in Dornach nahe Basel, Zentrum der anthroposophischen Bewegung, in der Nacht zum 1. Januar 1923 niederbrannte und ein neuer Bau konzipiert werden mußte. Nach Modellen Steiners entstand zwischen 1924 und 1928 ein kathedralenartiger, überkuppelter Bau aus Sichtbeton (**163, 164**) in exorbitant plastischer Formensprache. Die Vermeidung des rechten Winkels, hier erstmals nahezu konsequent realisiert (lediglich einige Fensteröffnungen und Türgewände folgen dem Dogma nicht), geriet zum vielfach imitierten Topos anthroposophischer Architektur. Besonders spektakulär ist die Lichtinszenierung: Das außen monochrome, betongraue Bauwerk läßt wegen seiner Plastizität ein faszinierendes Licht-Schatten-Spiel zu; die teilweise im Tiffanystil gestalteten großen Fenster wirken dabei als belebendes Element eines harmonischen Bauganzen (**163**). Auch im Innern kontrastiert eine farbig gestaltete Lichtführung reizvoll mit dem vermeintlich »kalten« Sichtbeton (**164**). Entstanden ist hier ein Bauwerk, das mit expressionistischen Mitteln in eindrucksvoller Weise zu einem Abbild der Anthroposophie geriet.

[164]   Rudolf Steiners Goetheanum in Dornach, Schweiz, 1924–28: Blick ins Westtreppenhaus

Als ein später, bis vor kurzem aktiver Vertreter dieses Expressionismus kann der Wiener Architekt und Maler Friedensreich Hundertwasser gelten. Seine Bauten aus der Zeit nach 1970 bedienen sich, ganz im Sinne dieses Baustils, nicht nur der – nun oft ökologisch begründeten – plastischen Form, sondern vor allem der Farbigkeit. Gerade die unmittelbar mit den Gemälden Hundertwassers vergleichbare Polychromie seiner deshalb im heutigen Stadtbild enorm auffälligen Architekturen (u. a. in Wien und Plochingen bei Stuttgart) ist zu einem Markenzeichen geworden. Besonderes Interesse bringt Hundertwasser einer in diesem Sinne expressionistischen Umgestaltung vorhan-

[165] Friedensreich Hundertwasser, Umgestaltung des Bahnhofs von Uelzen in Niedersachsen. Modell 1999

dener, sanierungsbedürftiger Bauten entgegen. Sein 1999 im Modell vorgestelltes Konzept der Renovierung des 1888 erbauten Bahnhofs von Uelzen (**165**) bildet in seiner schnörkellos-flächigen Farbigkeit einen reizvollen Kontrast zum wilhelminischen Backsteinbau mit seinem klassizistischen Dekor.

Die Perversion der Moderne: Der architektonische Totalitarismus unter Mussolini, Hitler und Stalin

»Kunst und Macht im Europa der Diktatoren« – so hieß der beredte Titel einer 1996 in verschiedenen europäischen Hauptstädten gezeigten Ausstellung. Daß sich Architektur als Medium der Repräsentation und ideologischer Formulierung, als eine Manifestation von Herrschaft, von Veredelung der Macht auch in totalitären Systemen der Moderne in besonders vorzüglicher Weise anbietet (und sich in dieser Funktion auch der an sich progressiven Moderne ohne Skrupel bediente), zeigte diese Synopse ebenso eindringlich wie mittels eines Vergleichs die z. T. erheblichen Unterschiede in Bauformen, motivischen Rückbezügen und Intentionen innerhalb der verschiedenen europäischen Diktaturen des 20. Jh.

Anders als die nationalsozialistische Architektur Deutschlands wird die Architektur des italienischen Faschismus, jedenfalls zu einem nicht ganz kleinen Teil, auch unter ästhetischen Gesichtspunkten seit längerem ernsthaft diskutiert. Aus dem Strom der Moderne heraus entwickelten sich hier sehr verschiedene Architekturstile, deren Gemeinsamkeit in einer Gegenposition zum »nihilistischen«, alles Alte radikal ablehnenden Futurismus der italienischen Architekten Antonio Sant'Elia und Mario Chiattone bestand. Rückgriff auf nationale Baugeschichte, besonders auf die römische Antike, wurde zum Programm, das sich indessen architektonisch zunächst höchst unterschiedlich ausprägte. Die *Scuola Romana* (Protagonist: Marcello Piacentini) setzte auf einen modernisierten, gleichwohl monumentalen Klassizismus; Enrico del Debbios seit 1927 erbautes Foro Mussolini in Rom ist ein prominenter Beleg dieses Stils. Die Vertreter der *novecento*-Richtung verwendeten klassizistisches Formengut, das allerdings weitgehend als minimalisierter Dekor an einer ansonsten auf den Prinzipien der Moderne entwickelte Architektur erschien; strukturellen Leitcharakter hatten hier die Bilder des Malers Giorgio de Chirico (1888–1978). Der *razionalismo* schließlich (Protagonisten: die Vereinigung Gruppo Sette, später der Movimento per l'Architettura Razionale, MAR) prägte eine äußerlich moderne, kleinodienhaft wirkende, dabei aber mannigfach auf Gestaltungsprinzipien der Antike zurückweisende Architektur (»weiße Moderne«); ein Musterbau war die 1932–36 in Como von Giuseppe Terragni, dem Pionier des *razionalismo* errichtete Casa del Fascio, das regionale Hauptquartier der faschistischen Partei (**166**). Alle drei Richtungen bedienten sich architekturtheoretischer Legitimation und konkurrierten nicht nur in ihren Schriften, sondern auch im Kampf um die Bauaufträge. Erst in den späten 1930er Jahren wurden die vorhandenen »Schulen« zu einer Art Reichsstil verschmolzen, der besonders dem gedanklich anspruchsvollen *razionalismo* die Spitze nahm. Ein Schwerpunkt faschistischer Architektur lag darüber hinaus auf städtebaulichen Konzepten. Komplette Reißbrettstädte wie der innerhalb der trockengelegten Pontinischen Sümpfe südlich von Rom gegründete Ort Sabaudia gerieten zu Mustern faschistischer Architektur- und Gesellschaftsvorstellungen.

Der in einer Konkurrenzsituation pluralistisch und mit intellektueller Kompetenz

[166] Ein Zeichen faschistischer Modernität inmitten einer historischen Umgebung: Die Casa del Fascio in Como kontrastiert als architektonisches Kleinod mit der monumentalen barocken Umgebung und visualisiert mit ihrer transparenten, glashausähnlichen Architektur die wechselseitige Kontrolle von Volk und Machtapparat. Luftaufnahme aus dem Jahr 1936

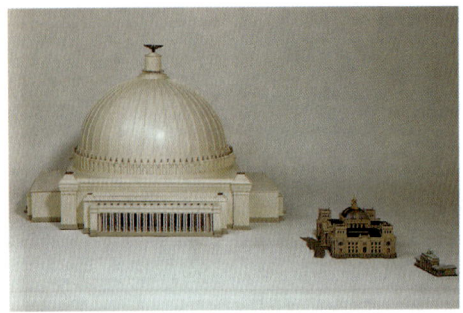

[167] Modelle im gleichen Maßstab nebeneinander: Die gigantische Große Halle des Volkes (Albert Speer, 1939, 320 m Stichhöhe der Kuppel über einem Grundrißgeviert von 330 x 330 m); der Berliner Reichstag (Paul Wallot, 1884–94) und das verglichen damit filigran wirkende klassizistische Brandenburger Tor (Carl Gotthard Langhans, 1789–91)

ausformulierte Rückverweis einer »Staatsarchitektur« auf nationale Bauformen und Bautraditionen italienischer Ausprägung war indessen nicht das primäre Anliegen der Nationalsozialisten Deutschlands. Die Architektur des »Tausendjährigen Reiches«, die wegen der unvorhergesehen kurzen Dauer dieser Ära überwiegend in Form von Modellen und Zeichnungen, weniger in Gestalt realisierter Bauten überliefert ist, trägt hier eher monarchische Züge. Sie wollte Betrachter und Benutzer durch schiere Größe und Prunk beeindrucken, zur Unterordnung zwingen. Ein von Albert Speer überliefertes Hitlerzitat über die geplante »Große Halle des Volkes« (**167**) mit ihrem riesigen, 200 000 Personen fassenden Kuppelraum macht diese Intention unmißverständlich klar: »Lassen Sie einen kleinen Bauern in unsere große Kuppelhalle treten. Dem bleibt schier der Atem weg. Der Mann weiß fortan, wohin er gehört!«

Die NS-Architektur mit ihrer massiven Quaderbauweise, kantigen Pilastern, kapitellverzierten Säulen und optisch raffiniert gegliederten Fassaden wurde immer wieder als umfassend von der Antike inspiriert angesehen. Tatsächlich aber ist diese Architektur eklektisch, mischt verschiedenste historische Bezüge. Barock, Renaissance, Romanik und frühchristlicher Kirchenbau finden sich hier aufgegriffen, und wenn es benennbare Rückbezüge auf die Antike zu beobachten gibt, so betreffen sie weniger die eigentliche Antike als vielmehr die verschiedenen »Stufen« eines neuzeitlichen Klassizismus. Beispielhaft in diesem Sinne ist die Abschlußbebauung des Münchener Königsplatzes, von Paul Ludwig Troost kurz vor seinem Tode 1934 konzipiert und 1937 vollendet. Die pilastergestützten Pavillons (»Eh-

rentempel«) stellen sich in unmittelbare Formana-
logie zu den platzbeherrschenden Klenze-Bauten des
19. Jh.; das »Antikische« gerinnt zu einem Verweis
nicht auf das Altertum, sondern auf eine national-
klassizistische Architekturtradition des 19. Jh.

Nicht minder historistisch orientiert tritt die Architektur des sowjetischen Stalinismus vor Augen, hier
allerdings von Beginn an fokussiert auf zaristisch-
orthodoxe, also vorrevolutionäre und damit in hohem
Maß national geprägte Baumuster – ein kurioser Wi-
derspruch einer international ausgerichteten Ideolo-
gie mit führenden Repräsentanten einer künstlerisch-
architektonischen Avantgarde wie El Lissitzky. Die
Moderne spielt in dieser nach eigenem Bekunden
fortschrittlichsten aller Gesellschaften überraschen-
derweise praktisch keine Rolle. Der »imperiale Stil
für Proletarier« nutzt vielmehr verschiedene nobilitierende Vorbilder aus Antike, Renaissance und Barock (Theater der Roten Armee in Moskau, 1935–40;
Moskauer U-Bahnhöfe), setzt dann in der Nachkriegszeit vor allem auf einen (auch in weitere Warschauer-
Pakt-Staaten exportierten) ornamentalisierten »Zuk-
kerbäcker-Stil« (Moskau, Lomonossow-Universität,
1948–52) (**168**), der mit seinen ins Riesige getriebe-
nen Verschnörkelungen Originalität und, orientiert
an zaristischem Dekor, die Vergewisserung einer na-
tional-kollektiven Identität erreichen wollte.

[168] Ein Beispiel stali-
nistischer »Zuckerbäcker-
moderne«: die Lomonos-
sow-Universität in Mos-
kau

In fast allen Gesellschaften gilt Architektur als eines der dauerhaftesten und damit wirkungsmächtigsten kulturellen Medien. Jahrhundertealte Bauten künden selbst als Ruinen noch von ihrem einstigen Aussehen, Zweck und ursprünglicher Bedeutung, und viele historische Architekturen sind über Generationen hinweg in Gebrauch geblieben. Dabei gerät schnell in Vergessenheit, daß es eine parallele Gattung von Architektur gibt, bei der dies keineswegs selbstverständlich, ja sogar programmatisch anders ist: temporär errichtete, nach begrenztem Gebrauch wieder entfernbare Bauten. Solche Phänomene gab es zu allen Zeiten, und oft bildet ihre Kenntnis, die naturgemäß begrenzt ist, da diese Architekturen nicht erhalten blieben, eine wichtige Ergänzung für das Architekturverständnis einzelner Epochen.

Bereits in der Antike haben temporäre Bauten verschiedenster Art eine bedeutende Rolle gespielt. Zahlreiche Zeremonial- und Festarchitekturen griechisch-hellenistischer Könige (4.–1. Jh. v. Chr.) sind in der antiken Literatur als aufsehenerregende Beispiele von Herrscherprunk erwähnt und z. T. ausführlichst beschrieben: das Festzelt Alexanders des Großen, das gigantische, aus vergoldetem Holz erbaute Prunkschiff des Ägypterkönigs Ptolemaios IV. (ein regelrecht schwimmender Palast), vor allem aber das mit Purpur, Gold und Elfenbein immens reich ausgestattete Festzelt Ptolemaios' II. Auch in der römischen Antike waren temporär errichtete Holzbauten zahlreich, hier jedoch eher das Produkt pragmatischer Erwägungen: Bis weit ins 1. Jh. v. Chr. war es üblich, Tribünenanlagen für Schauspiele und Gladiatorenkämpfe nur kurzfristig auf- und gleich nach Beendigung der Aufführungen wieder abzubauen; die Ansammlung aufgeputschter, fanatisierter Menschenmassen galt dem Senat als hochgradiger Risikofaktor.

Neben den auf- und abbaubaren Tribünenanlagen, die in nahezu allen nachantiken Phasen der Architekturgeschichte anzutreffen sind (etwa bei Ritterspielen), und den vergänglichen Zelt- und Naturarchitekturen nomadisierender Stämme (vgl. S. 34) war es seit dem 16. Jh. vor allem das Prinzip der Kulisse, das die Illusion von Bauten hervorbrachte. Ein frühes, legendär gewordenes Beispiel sind die Potemkinschen Dörfer, Häuserkulissen, mit denen Prinz Gregori Potemkin die Zarin Katharina die Große über den wahren sozialen Zustand ihres Reiches hinwegtäuschte. Ebenfalls Ausfluß einer Illusion waren, Jahrhunderte später, die zahlreichen hölzernen Architekturkulissen der Werkstätten im Umkreis Albert Speers – NS-Architektur im Maßstab 1:1, nur als ausschnitthaftes Modell gebaut, niemals aber in der Realität.

Besonders in Theater und Film ist das Prinzip der Architekturkulisse von großer Bedeutung – und dabei oft von verblüffender Wirkungsmacht.

[169] Kulisse aus »Metropolis« von Fritz Lang (1929). Die Bühnenarchitektur sollte sich für Jahrzehnte als stilbildend erweisen.

Die heute weit verbreitete Vorstellung vom Aussehen einer amerikanischen Wild-West-Kleinstadt ist eine klischeehafte Fiktion, erzeugt durch die Verwendung stereotyper Kulissen in den Hollywoodfilmen der 1940er und 1950er Jahre. Raffinierte Visualisierungstechniken machten Filmarchitekturen der Gegenwart wie diejenigen des 1982 entstandenen Films »Blade Runner« mittels illusionistischer Verfahren möglich – Architekturen, die dennoch nie pure Erfindungen, sondern Mischungen aus verfremdeter realer Baugeschichte und Science-Fiction-Visionen sind. Der Filmarchitekt Lawrence G. Paull führte 1992 hierzu aus: »Für die Bauten im Film [Blade Runner] brachte ich Fotografien von Mailand mit, wo wir Arkaden, Säulen, klassizistische Details aufgenommen hatten … Wir mischten Ägyptisches mit Art Deco, Klassizismus mit Frank Lloyd Wright und Gaudí. Schließlich hatten wir Bilder einer Stadt, die an Conan den Barbaren im Jahre 2020 erinnerten.«

Ein weiterer wichtiger Anwendungsbereich temporärer Architektur ist schließlich seit den 1930er Jahren der Messestand geworden: ein oft nur einmal verwendetes Schaustück, dabei gewissermaßen eine Mischung aus Kulisse und »realer« Architektur. Ähnlich einer Theater- oder Filmkulisse lassen sich hier phantasievollste Arrangements erstellen, die zugleich auch insofern als Bauten dienen, als sie ein betretbares Inneres, ein Innenleben aufweisen. Konzeption und Design von Messeständen sind heute durchdachte und kalkulierte Aufgaben für Spezialisten; ganz ähnlich wie in der Gestaltung von Industriearchitektur (vgl. S. 138) gilt es hier, gezielt Werte und Charaktere eines beworbenen Produktes bzw. die Identität eines Unternehmens in Szene zu setzen, wozu Verweise auf historische Traditionen ebenso gehören können wie der rigorose Rekurs auf zeitgenössisch-hypermoderne Raum- und Formkonzepte.

[170] Der Messestand als mehrgeschossiges, offenes Haus: der auf der Cebit 1996 in Hannover vielbeachtete Stand der VebaCOM

Triumph der Moderne? Die Gegenwartsarchitektur zwischen Brutalismus und High-Tech-Ästhetik

Die Weltarchitektur der Dekaden nach 1945 hat derart zahlreiche Erscheinungsformen mit teils lokaler, teils internationaler Verbreitung gefunden, daß es kaum möglich ist, einen vollständigen, repräsentativen und ausgewogenen Überblick zu geben. All diesen Erscheinungsformen gemeinsam ist ein positives Verhältnis zur Klassischen Moderne und deren Vorläufern insofern, als die Architektur der Zeit von 1910 bis 1930 als unbestreitbares Fundament dieser neuen Architekturformen und Baukonzepte dient. Eine markante Abweichung von der Norm bietet hier lediglich die Postmoderne. Man kann dies auch negativ formulieren: Von ganz wenigen Ausnahmen abgesehen, hat die Gegenwartsarchitektur ihre historischen Vorbilder allenfalls recycled und ergänzt, nicht aber überwunden.

Unmittelbar in der Klassischen Moderne verwurzelt, dabei durchaus zu Recht als ihre formale wie inhaltlich-soziale Perversion charakterisiert ist das, was heute unter dem Schlagwort Brutalismus (abgeleitet von französisch *beton brut* = Rohbeton) subsummiert wird. Zuerst verwendeten die Engländer Alison und Peter Smithson den Begriff für ein besonders puritanisches Baukonzept, bei dem unbedingte Materialtreue, komplette Sichtbarkeit aller verwendeten Baustoffe und vollständiger Verzicht auf Verblendung und Verputz dominierte. Brutalismus in heutigem Verständnis geht indessen weiter und umfaßt auch ein zunehmend inhumanes Konzept von Wohnen und Städtebau. Le Corbusiers »Wohnmaschinen«, riesige Hochhauskomplexe mit nahezu vollständiger städtischer Infrastruktur, Wohn-, Versorgungs- und Arbeitseinheiten, die ihre Bewohner im »Idealfall« gar nicht mehr zu verlassen brauchten (**171**), sind die Vorläufer der trostlosen, ghettoartigen Betontrabantenstädte, wie sie seit den 1950er Jahren als architektonisches wie gesellschaftliches Ideal gefeiert wurden (und sich wenig später als fataler Irrweg erwiesen) (**175**).

Ein mit dem Brutalismus hinsichtlich der Materialtreue verwandter, dessen rigidem Rationalismus jedoch

[171] Die prototypische Wohnmaschine: Le Corbusiers *Unité d'Habitation* in Marseille, erbaut 1945–51. Ein ähnliches Gebäude mit Dachgärten, Geschäften, Büros und variabel geschnittenen, sich z. T. über drei Stockwerke erstreckenden Wohnungen entstand in den 1950er Jahren nahe dem Olympiastadion in Berlin.

genau entgegengesetzter und damit diesem Konzept radikal widersprechender Architektur-ansatz war der Plastizismus – phantasiereiches skulpturales Bauen mit dem universal formbaren Rohstoff Beton, das an den Expressionismus der 1920er Jahre anknüpfte (vgl. S. 148). Höhepunkte dieser Architektur, die die 1950er Jahre entscheidend prägte, sind Le Corbusiers Wallfahrtskapelle Notre-Dame-du-Haut in Ronchamps und Frank Lloyd Wrights New Yorker Guggenheim Museum (172).

Ein bis heute gehätscheltes Kind der 1960er Jahre ist die futuristisch wirkende High-Tech-Architektur – in gewisser Weise eine Fortsetzung der Glas-Eisen-Bauten des 19. Jh. mit modernen Mitteln (vgl. S. 125). In idealer Weise konnte Modernität hier durch Röhren- und Gerüstkonstruktionen mittels eingehängter, vielfach verschränkter Geschoßebenen und weitestgehend aufgelöster Außenfassaden visualisiert werden – Bauen als Ausdruck der Kommunikationsgesellschaft. Berühmte Beispiele dieser Architekturrichtung sind das Münchener Olympiastadion (1968–72, Architekten: Günther Behnisch und Partner, 179), vor allem aber das Pariser Centre

1968
Machtwechsel in der CSSR: Einmarsch sowjetischer Truppen und Niederschlagung des Prager Frühlings; Studentenunruhen in Deutschland und Frankreich

1978–79
Fundamentalistisch-islamische Revolution im Iran

1989
Fall der Berliner Mauer; Beginn der Auflösung des Sowjet-Imperiums

1990
Wiedervereinigung Deutschlands unter Berücksichtigung der 1945 faktisch gewordenen Ostgrenze zu Polen, Tschechien und der Slowakei

1990–91
Golfkrieg einer UN-Allianz gegen den Irak nach dessen Invasion in Kuwait

1992–99
Kriegerischer Zerfall Jugoslawiens; 1999 NATO-Einsätze im Kosovo

[172] Das Guggenheim Museum in New York, erbaut von Frank Lloyd Wright 1956–59. Rampen und Spiralen als »uramerikanische« Architekturelemente (Drive-In-Restaurants; Parkhäuser) formen einen spektakulär-expressionistischen Bau mit allerdings begrenzter Nutzbarkeit für den Museumsbetrieb.

[173] Das während seiner Errichtung höchst umstrittene Centre Pompidou in Paris (Architekten: Renzo Piano und Richard Rogers, 1971–77) gilt heute als Musterstück moderner High-Tech-Architektur.

Pompidou (**173**). Daß dieser »Stil« noch heute wie kein zweiter von Modernität kündet, machen spätere Beispiele wie etwa diejenigen in London deutlich. Das Lloyds Building (1979–84, Architekt: Richard Rogers) ist unübersehbarer Blickfang im architektonisch eher monotonen Bankenviertel der City; weitere Bauten in diesem High-Tech-Stil finden sich entlang der Themse in den während der 1980er Jahren umgestalteten Docklands (z. B. am East India Dock mit dem Druckereigebäude der »Financial Times«, erbaut von Nicholas Grimshaw 1986–88). Sir Norman Fosters 1999 vollendeter Umbau des Berliner Reichstags gehört ebenfalls in diese Kategorie der High-Tech-Architektur.

Der Dekonstruktivismus, gewissermaßen der aktuelle Architekturtrend der 1990er Jahre, ist die vielleicht originellste Architekturkonzeption der zweiten Hälfte des 20. Jh.; auch sie ist indessen nicht ohne Vorbilder, denn sie bezieht sich, wie bereits die von Philip Johnson im Rahmen einer Ausstellung 1988 geprägte Bezeichnung impliziert, auf den russischen Konstruktivismus der 1920er Jahre. Maxime ist die »gestörte Perfektion«, der überraschende Bruch mit Gewohntem. Das Motto *form follows function* findet sich zu einem fröhlich-unbekümmerten *form follows phantasy* (Bernhard Tschumi) abgewandelt. Die gebauten Resultate wirken bisweilen, als hätte ein kindlicher Riese seltsam schräge Gebilde aus Bauklötzen aneinandergefügt. Neben Bernhard Tschumi und dem Büro COOP Himmelblau gilt besonders der Amerikaner Frank O. Gehry als Protagonist des Dekonstruktivismus; Meilensteine dieser Architekturkonzeption sind sein 1987–89 nahe Basel erbautes Vitra-Design-Museum (**174**) und das Guggenheim Museum in Bilbao.

Daneben gibt es zahlreiche prominente Architekten und zeitgenössische Tendenzen, die sich schwer in Stil- oder Designkategorien einordnen lassen. Der Amerikaner Richard Meier ist solch ein »Wanderer

[174] Ein Meisterwerk des Dekonstruktivismus: das Vitra-Design-Museum in Basel (Frank O. Gehry, 1987–89)

zwischen den Welten«. Einem ornamentfreien Mini-
malismus in der Nachfolge von Adolf Loos, einem
Strukturalismus in der Art der holländischen *De Stijl*-
Bewegung und ihrem modernen Anhang, der »weißen
Moderne« des italienischen *razionalismo*, aber auch
einer klassizistischen Postmoderne verpflichtet steht,
wie etwa der 1998 eröffnete Neubau des J.-P.-Getty-
Centers in Santa Monica in den USA zeigt, Meiers
höchst markantes Œuvre heute zwischen allen Stilen.
Einem romantizistischen High-Tech-Stil zuzurechnen
sind die Hochhausbauten des deutschstämmigen Architekten Helmut Jahn. Ebenfalls jenseits der skizzier-
ten Kategorien findet sich ein moderner Funktionalis-
mus – Architektur, die ihren Zweck erfüllen will und
zugleich in der Ansicht ihre moderne Konstruktion ver-
rät. Deutscher Protagonist ist hier das Hamburger Büro
Gerkan, Mang & Partner (Leipziger Messehalle; Erwei-
terungsbau des Flughafens Hamburg). Eine führende
Rolle im technischen Sinn der Architektur spielte der
Pionier des Spannbetonbaus, Fritz Leonhardt, dessen
Brücken- und Turmkonstruktionen seit den 1940er Jahren für Furore sorgten (Autobahnbrücke Köln-Roden-
kirchen, 1941; Stuttgarter Fernsehturm, 1954).

Platte oder Wellblech:
Die Schattenseiten modernen Wohnens
Seit der Mitte des 20. Jh. sind die Bevölkerungszahlen
der Metropolen förmlich explodiert. Landflucht und der
allzu oft erfolglose Versuch, in den Ballungsräumen

[175] Armut in der Drit-
ten Welt: dürftige Well-
blechhütten in einem
Slum von Bombay. Foto-
grafie von 1999

ein bescheidenes Auskommen zu finden, haben besonders die städtischen Zentren der Dritten Welt zu sozialen Brennpunkten werden lassen. Nahezu 20 Mio.
Menschen leben derzeit in Lagos, Bombay und Mexico
City, kaum weniger in Kairo oder Rio de Janeiro.

Diese Entwicklung blieb nicht ohne Auswirkung auf
die Architektur, ja eine völlig neue Kategorie von Architektur entstand im Zuge dieses dramatischen sozialen
Wandels. Triebfeder waren Not und Elend, und es mag
erstaunen, solche Zeugnisse überhaupt zum Gegenstand einer Architekturgeschichte zu machen. Denn
nicht von hehrer Baukunst ist hier Rede, sondern von
Architektur in ihrem elementarsten Sinne – als schüt-
zende Behausung. Und dennoch bildet diese Bauweise
ein markantes Indiz für die soziale Situation in der
zweiten Hälfte des 20. Jh. Auf der Suche nach Unter-
kunft entstanden in den heillos übervölkerten Metropolen riesige Slums. Neue Stadtteile auf dafür kaum
geeignetem Terrain, ohne jede Infrastruktur, ohne Straßen, Kanalisation, Strom- und Wasserversorgung und
ohne jegliche Planung wuchsen wie im Zeitraffer. Bauten der primitivsten Art entstanden hier, oft kaum
mehr als ein behelfsmäßiger Schutz vor Regen und
Kälte. Und allzu oft blieben es die einzigen baulichen
Maßnahmen der städtischen Behörden, solche Slums
niederzureißen und ihre Bewohner zu vertreiben oder
aber solche Siedlungen mit hohen Mauern zu umgeben, um sie auf diese Weise aus dem Stadtbild »auszu-

grenzen« – jeder Besucher von Rio de Janeiro kennt
den erschreckenden Kontrast zwischen dem mondä-
nen Strandleben an der Copacabana und dem Elend
der unmittelbar angrenzenden, jedoch erst auf den
zweiten Blick wirklich erkennbaren Armenviertel.

Innerhalb der Slums herrscht massivste Armut, dabei jedoch keineswegs Gleichheit der Bewohner. Wesentlicher Ausweis der sozialen Stellung einzelner Familien
ist eben der Charakter ihrer Behausung. Wer eine Well-
blechhütte sein Eigen nennt, gehört im Slum durchaus
zu den »Habenden«. Er besitzt ein vergleichsweise fe-
stes Gebäude – oftmals gar mit bescheidenem »Komfort« wie etwa mehreren Zimmern, einem regendich-
ten Dach, verschließbaren Fenstern und mit sogar etwas Mobilar ausgestattet. Den Bewohnern von leichten
Hütten, deren Holzkonstruktion mit alten, häufig
löchrigen Plastikplanen einen demgegenüber eher dürf-
tigen Schutz vor Wind und Wetter bieten, geht es da
schon erheblich schlechter – und dennoch allemal besser als den wirklich Obdachlosen, die mit nichts als
einer Decke auf der Straße nächtigen.

Die Slums in der Ersten (westlichen) Welt unterscheiden sich von denen der Dritten Welt nur graduell.
Ganze Viertel von Großstädten sind in den letzten 40
Jahren im Zuge der sozialen Erosion, der Entstehung
von Massenarbeitslosigkeit durch die Umbrüche der
Industriegesellschaft, zu Slums verkommen. Besonders drastische Formen nahm diese Ausgrenzung in
den Metropolen der USA und Englands an. Große

[176]   Verslumte Wohn-
siedlung in Liverpool,
England. Fotografie von
1999

[177] Errichtet als Zeichen der Modernität der DDR: Die Trabantenstadt Berlin-Marzahn – eine Plattenbausiedlung für über 20 000 Einwohner

Areale mit Mietshäusern, die einst als Spekulationsobjekte errichtet worden waren, wurden zu Zentren des Elends, in denen alternative, oft kriminelle Erwerbssysteme und, damit verknüpft, neue Hierarchien entstanden. Die »Verslummung« vollzieht sich hier oft binnen kurzer Zeit, gleichermaßen durch den ungebremsten Zuzug und die Entfaltung sozialer Problemgruppen in solchen Vierteln mit billigem Wohnraum wie auch durch den damit einhergehenden Wegzug der »Altbewohner«: eine sich selbst verstärkende, immer dynamischer werdende Entwicklung.

Die Grenze vom sozialen Wohnungsbau zum Slum ist dabei fließend. Die einst in den höchsten Tönen gefeierten Neubausiedlungen Ostberlins – als moderner Ersatz für fehlenden Wohnraum in den 1970er und 1980er Jahren in rationeller, aber wenig haltbarer Plattenbauweise errichtet – haben sich, ebenso wie die Trabantenstädte des Baukonzerns Neue Heimat im Westen Deutschlands, nicht nur als eine Perversion der architektonischen Moderne entpuppt, sondern überdies als sozialer Sprengstoff. Der Verfall der Hochhäuser ist nur mit immensen Geldmitteln aufzuhalten. Längst sind nicht nur die damaligen Berliner Vorzeigesiedlungen Hellersdorf und Marzahn (177) in den Prozeß der Verslummung übergegangen und werden zunehmend zu sozialamtlich subventionierten Quartieren gesellschaftlicher Randgruppen, zu architektonischen Symbolen von Gewalt, Elend und Hoffnungslosigkeit.

Wohnen in der Stadtmauer –
Neue Nutzung alter Bauten

Die Sanierung und Neunutzung alter Bausubstanz erscheint vordergründig als ein markantes Phänomen der Gegenwart – ein ökologisch und museal motivierter Umgang mit Architektur, der sich mit diesen »neuen«, positiven Werten radikal abgrenzt vom destruktiven Primat der Abrißbirne und dem sozial schädlichen Betonbrutalismus, wie er bis in die späten 1970er Jahre vorherrschte. Doch ist das Prinzip, überkommene Bausubstanz nötigenfalls auch in völlig veränderten Kontexten zu nutzen, beileibe nichts Neues. Dies findet sich in praktisch allen Kulturen und zu allen Zeiten wieder, und welch verschiedene Motive dem zugrunde liegen können, zeigt ein Blick auf die Metropolen Italiens mit ihren dichten Übereinanderlagerungen von historischer Baumasse besonders deutlich.

Mit dem Niedergang der antiken Bauten Roms wurden die Ruinen vielfältig neu genutzt; oftmals als Steinbrüche, mithin als »Quellen« für neue Bauten. Doch nicht selten waren es die riesigen Überreste der antiken

[178] Das Marcellus-theater in Rom, 12 v. Chr. erbaut, ist seit dem Mittelalter bis in die Gegenwart bewohnt.

öffentlichen Bauten selbst, deren Hüllen nun bewohnt und dementsprechend umgebaut wurden. Seit dem 12. Jh. war das Kolosseum, das größte Amphitheater der Antike, zunehmend dicht besiedelt. In den einzelnen Geschossen und Gängen entstanden abgegrenzte Wohnungen, die über ein neu eingezogenes Treppenlabyrinth erreichbar waren. Was Archäologen des 19. Jh. hier entfernt haben, läßt sich beim antiken Marcellustheater, in bester Innenstadtlage nahe der Piazza Campo dei Fiori in Rom, noch heute betrachten: Das gesamte Obergeschoß der Ruine ist von Wohnungen durchsetzt (**178**), der untere Bereich von Werkstätten und Läden. Sogar die im 15. Jh. erbaute, einstmals trutzig-wehrhafte Stadtmauer Neapels ist, in ganz ähnlicher Weise, im 19. Jh. in Wohnarchitektur

einbezogen und zu Wohnarchitektur umfunktioniert
worden.

In allen diesen Fällen war das heute bisweilen kurios
anmutende Ergebnis ein Resultat sozialer Not, begründet in eklatantem Wohnraummangel. Heute stellt, ganz
im Gegensatz zu diesen Beispielen, das Restaurieren
von alter Bausubstanz zu privaten Wohnzwecken nicht
selten ein Luxusphänomen dar. Aufwendig sanierte,
bisweilen sogar zu größeren »Wohneinheiten« zusam-
mengelegte großstädtische Altbauwohnungen, mon-
dän ausgebaute, einstmals baufällige ländliche Anwe-
sen oder raffiniert zu Wohngebäuden umgestaltete aufgegebene Bahnhöfe oder Mühlen – gerade sie zeigen
aktuelle Trends und Ambitionen einer gut verdienen-
den gesellschaftlichen Gruppe.

Von anderer Dimension und auch von anderer Intention geprägt sind Umwandlungen und Neunutzun-
gen großer öffentlicher oder industrieller Baukomplexe,
wie sie in den vergangenen Jahrzehnten als denkmal-
schützerische Maßnahme international üblich gewor-

[179] Das Innere des
Gare d'Orsay – heute ein
vielbeachtetes Museum
direkt an der Seine. Der
Bahnhof entstand nach
Plänen von Victor Laloux
und wurde zur Weltaus-
stellung von 1900 in
Betrieb genommen.

den sind. Durchgesetzt hat sich
hier als architekturerhaltendes
Konzept eine Neunutzung solcher Komplexe als Museum,
Kultur- oder Bürgerzentrum,
verschiedentlich auch als karita-
tive Einrichtung: eine Überfüh-
rung der Bauten in eine öffentliche oder soziale, daher politisch
meist unstrittige Nutzung. Ein
berühmtes Beispiel ist die Restaurierung und anschließende
museale Nutzung des Gare
d'Orsay, einem 1897 erbauten,
seit 1945 nicht mehr betriebe-
nen Bahnhof in Paris (179). Ein
demgegenüber eher pragmatischer Umgang findet sich verschiedentlich in den USA: Spektakulär war die Restaurierung

der 1978 stillgelegten Union Station in St. Louis in Missouri. Der 1894 eröffnete Bahnhof, eine prachtvolle Jugendstilarchitektur, wurde mit viel Fingerspitzengefühl zu einem Einkaufszentrum mit angeschlossenem Hotel verwandelt. Und auch das denkmalgeschützte Leon-H.-Blum-Haus in Galveston, das als eines von wenigen Gebäuden die Flutkatastrophe von 1900 überstand, mutierte von einem Kaufhaus zu einem heute vielbesuchten Luxushotel.

Sport- und Freizeitarchitektur

Bereits im antiken Rom gab es – entsprechend dem Motto »Brot und Spiele« – ein großes architektonisches Repertoire von Bauten, die Freizeit und Vergnügen dienten (vgl. S. 22f.): Thermen, Arenen und Theater wären hier an erster Stelle zu nennen. Die Freizeitkultur der Gegenwart hat sich dieser Bautypen, aber auch ihres einstigen Charismas intensiv bedient. »Römisch« sind die heutigen Sportstadien, die mit ihrer rängegesäumten Ovalform auf dem Urtyp der

[180]   Cesar's Palace, Las Vegas, USA

Arena, dem römischen Kolosseum (**22**), basieren; von »römischem« Luxus und Dekadenz angehaucht sind auch zahlreiche »Spaß«-Bäder, die seit den 1980er Jahren entstanden sind. Und in ähnlichem Sinne »römisch« inspiriert sind nicht zuletzt zahlreiche Casinobauten, allen voran Cesar's Palace in Las Vegas (**178**).

Ein Tummelfeld zeitgenössischer, nicht retrospektiv ausgerichteter Architektur sind demgegenüber zwei weitere Typen von Freizeitarchitektur: das Theater und das Museum. Bereits seit der Renaissance wird das antike Freilufttheater überdacht und zunehmend von den aufführungstechnischen Bedingtheiten geprägt. Eine Variante des »klassischen« Theaterbaus ist das Kino, seit ca. 1910 eine eigene Bauform (Kinematographen-Theater am Kottbusser Tor in Berlin, erbaut von Bruno Taut), die in den USA der 1920er Jahre zunehmend zur dekorüberladenen rahmenden Kulisse der Filme gerät. Das prunkvolle, klassizistisch-edle, exklusive Museum des späten 18. und des 19. Jh. – Pionier ist das British Museum in London, gegründet im Jahr 1753 – ist im späten 20. Jh. breiten Bevölkerungsschichten geöffnet worden und dabei zu einer

höchst profilierenden Architekten- wie auch Bauherrenaufgabe geworden, die neben innerer Funktionalität einen großen Freiraum für markante äußere Gestaltung ermöglichte – kein prominenter Architekt der Moderne, Postmoderne und Gegenwart, der nicht mit einem intensiv diskutierten Museumsentwurf in Erscheinung träte.

[181]   Olympiastadion, München

Der Architekt: Künstler, Techniker oder Organisator?

Als im Herbst 1999 in der deutschen Architektenszene eine heftige Debatte entstand, nachdem Sir Norman Foster als leitender Architekt des Umbaus des Berliner Reichstags unter Hinweis auf sein Urheberrecht jegliche bauliche Veränderung, ja sogar das Ergänzen des Mobiliars, das Aufhängen von Bildern und das Aufstellen von Topfpflanzen untersagte, war einmal mehr die Frage nach Rolle und (Selbst-)Verständnis des Architekten gestellt. Und einmal mehr zeigte sich, daß kaum ein Berufsbild im Lauf der Jahrhunderte mehr Wandlungen erfahren hat als das des Architekten.

Die Architekten in den orientalischen und ägyptischen Hochkulturen, aber auch diejenigen der klassischen Antike waren nach heutigem Verständnis »Amateure« und vor allem keine Künstler – technisch versierte Personen, deren Hauptaufgabe in der logistischen Organisation der bisweilen höchst kom-

[182] Sir Christopher Wren präsentiert dem englischen König Karl II. seine Entwürfe zum Wiederaufbau Londons; Kupferstich aus um 1670

plexen Bauvorgänge bestand, während alle Details der Gestaltung von den Vorstellungen der Bauträger abhingen. Könige und Pharaonen, die Volksversammlung der griechischen Stadtstaaten, die Priester der Heiligtümer, der Senat, später die Kaiser Roms und die Bischöfe der Christengemeinden bestimmten Form und Gestalt aller größeren nicht-privaten Bauten – nicht aber der Architekt. Als gewählte oder benannte Architekten traten zunächst Bürger oder Beamte in Erscheinung, die – wie etwa Libon, der überlieferte Architekt des Zeus-Tempels von Olympia – bisweilen nur ein einziges Mal in dieser Funktion wirkten. Erst im Hellenismus (ab dem 4. Jh. v. Chr.) entwickelte sich eine gewisse Professionalisierung. Es erstaunt daher nicht, daß Architektur bis ins Mittelalter mit ihren Bauträgern, nur in seltenen Ausnahmen jedoch mit den Namen ihrer Architekten verbunden war.

[183] Jaques Gabriel – ein gemaltes Architekten-Portrait, dem prototypischen französischen Aristokraten-Bildnis des 18. Jh. zum Verwechseln ähnlich

Erst in den Stadtstaaten der italienischen Renaissance entstand das Ideal eines freischaffenden, künstlerisch formenden und weitgehend seinem Genius verpflichteten Architekten – wie in der Bildenden Kunst jener Jahre ein Beleg für die neue, nun auch weltliche Rolle der bis dahin dem kirchlichen Kontext vorbehaltenen Tätigkeiten. Giotto di Bondone, Brunelleschi oder Alberti waren die ersten Prominenten dieser neuen Zunft. Sie entwarfen nach eigenem Credo unter Berücksichtigung antiker Vorbilder, wobei die Gegenstände ihrer Arbeiten nicht mehr allein vom Klerus, sondern zunehmend von weltlichen Herrschern bestimmt wurden. Nicht ohne Grund widmete etwa

Alberti seinen Traktat über die ›Zehn Bücher der Architektur‹ in einem devot-umständlich formulierten »Fürstenlob« dem Florentiner Machthaber Lorenzo di Medici.

Der Architekt wurde in diesem neuen Klima zu einem gesuchten Spezialisten mit besten gesellschaftlichen Aufstiegsmöglichkeiten. Kaum einer der berühmten Renaissance-Architekten starb, ohne ein Vermögen, nicht selten sogar sein Amt vererben zu können. Im 16. und 17. Jh. waren die prominenten Barockarchitekten meist hochdotierte und -verehrte Mitglieder des Hofstaates, und dieser hochrangige Status wurde in Bildnissen auch selbstbewußt vorgeführt: ein um 1670 entstandener Kupferstich etwa

[184]   Der Herrscher als Architekt: Friedrich II. von Preußen, Entwurf zum Mittelrisalit und Seitenflügel des Prinz-Heinrich-Palais in Berlin, ca. 1797

zeigt den britischen Meisterarchitekten Sir Christopher Wren als hochrangiges Mitglied des Hofes, der dem englischen König Karl II. seine Entwürfe für den Wiederaufbau des 1666 von einem Brand zerstörten London präsentiert (182). Eine weitere »Veredelung« des Architektenberufs vollzog sich im absolutistischen Frankreich: Eingebunden in die Akademie und damit in einen umfassenden theoretischen Diskurs (vgl. S. 98), wurde die Architektur als Profession nachgerade geadelt – was nicht ohne Folgen für das Image der Architeken blieb, die jetzt selbst in den Bildformen einer omnipotenten Aristokratie in Erscheinung traten (183). Es wundert kaum, daß eine solche Hochschätzung vom Architektenberuf zu fürstlich-königlicher Imitation anregte: Der Herrscher als dilettierender, dennoch aber Formen und Arrangements in seinem Dilettantismus verbindlich prägender »Architekt« (184, 185) wurde zu einem Topos des Barock und findet sich, etwa in Gestalt eines »Architekten« Adolf Hitler (vgl. S. 150), noch in den despotischen Abgründen des 20. Jh. wieder.

Der Architekt als leidendes, vereinsamtes, von der Gesellschaft verstoßenes Genie ist die Vision der Romantik im 19. Jh. Wie Spitzwegs »Armer Poet« gerierte sich – rückblickend und gewissermaßen als eine gezielt eingesetzte image-

[185] Der Herrscher als Architekt: Peter I. der Große von Russland bei der Gründung von Sankt Petersburg, Gemälde von Alexander von Kotzebue, 1862

fördernde Maßnahme – ein Karl Friedrich Schinkel, nachdem er als Absolvent der Architekturakademie zunächst ohne Aufträge blieb (und dennoch als Bühnenbildner ein stattliches Einkommen erzielen konnte). Die Idee vom Architekten als autonomem Künstler ist in dieser Ära verwurzelt, und nicht nur das: Der gesamte, bis heute nicht überwundene späthumanistische Kunstbegriff ist ein Produkt dieser romantisierenden Vorstellungen. Der Architekt als Künstler und Schöpfer eines einmaligen Werks – aus dieser Sicht wird auch Sir Norman Fosters eingangs beschriebene Invektive gegen einen vitalen, dynamischen Umgang mit »seiner« Architekturschöpfung erklärbar. Auch wenn in Architektenkreisen heute moderne Organisationsformen (Büroverbünde, hochspezialisierte Arbeitsteilungen etc.) vorherrschen, so ist dennoch diese Sicht einer Architektur als »Kunstwerk« weiterhin höchst virulent.

Kapitulation vor der Geschichte? Die Postmoderne

Betrachtet man am Beginn des 3. Jt. die unmittelbar zu-
rückliegende architektonische
Vergangenheit, dann bleibt,
neben einer Vielzahl mehr
oder weniger zutreffend
schlagwortgeprägter Konzepte
(vgl. S. 156), wohl allein die Postmoderne als kohärenter Stil
erkennbar. Lange bevor sie sich
in ihren heute so markanten
Bauformen präsentierte, war
sie als ein theoretisches Modell
in Architektenkreisen allgegenwärtig: als eine bewußt vollzogene Abkehr von einer ausge-
zehrten Moderne, ja als deren
Gegenentwurf. *Less is more*
(»weniger ist mehr«), postulier-
te einst der Protagonist der
Moderne, Mies van der Rohe;
Less is a bore (»weniger ist lang-
weilig«), so provozierte Robert
Venturi in seinem Buch ›Com-
plexity and Contradiction in
Architecture‹ 1966. Und
Charles Jencks, neben Venturi
einer der Gründerväter der
Postmoderne, schuf eben diesen Begriff für das neue Bauen
in seinen zahlreichen Schriften
(›Die Sprache der postmodernen Architektur‹, 1977; ›What
is Postmodernism‹, 1984). Die
Stoßrichtung war klar: Überwindung der Moderne, weg
von dem nihilistischen, Traditionen negierenden, men-
schenfeindlichen Konzept, hin
zu einem Baustil der »alten«

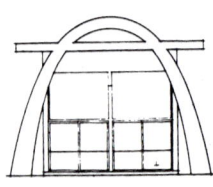

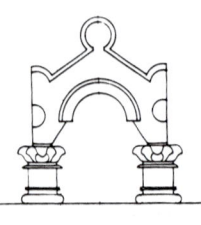

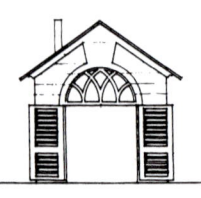

[182] Portalentwürfe
von Robert Venturi,
1977: ein Ensemble
historischer Möglichkei-
ten als Basis einer »offenen« historistischen
Postmoderne

Werte mit Ornament und Farbe, Symmetrie, eklekti-scher Formverwendung, Rückgriffen auf Geschichte, Harmonie und etablierten Würdeformeln. Venturis paradigmatische Entwürfe für ein Portal, in ihrer Zusammenstellung fast an die Art früherer Architekturmuster-bücher erinnernd (**182**), zeigen beispielhaft die Hintergründe und Folgen dieses neuen Historismus.

Was in diesem Sinne seit den späten 1970er Jahren an Bauten entstand, ist schwerlich neutral zu betrachten oder zu beschreiben; von Beginn an hat die Postmoderne die Auffassungen gespalten und insofern belebend auf die Gegenwartsarchitektur gewirkt, als eine klare Stellungnahme zu ihren Formen wie ihren ideologischen, reaktionär-rückwärtsgewandten Hintergründen für jeden Architekten, Kritiker und Bauhistoriker unabdingbar wurde. Hieraus ist, aus der Sicht des rückblickenden Historikers, jedoch für das heutige Verständnis ein Dilemma erwachsen: Zahlreiche vermeintlich architekturhistorische Publikationen stammen aus der Feder von in die Postmoderne involvierten Architekten (neben den Büchern von Jencks vor allem Robert A. M. Sterns berühmte Abhandlung ›Modern Classicism‹ von 1988, deutsch 1990). Verschiedentlich haben darüber hinaus bedeutende Architekturhistoriker in ihren Darstellungen der Postmoderne ihr kritisches Augenmaß verloren (Heinrich Klotz, ›Moderne und Postmoderne‹, 1984); ein abwägender Nachvollzug dieser Architektur durch den Nicht-Fachmann ist dadurch nicht unerheblich erschwert.

Zeigten Venturis Entwurfsmuster für ein Portal (**180**) noch einen fast historistisch anmutenden Rückgriff auf verschiedenste, gleichberechtigt nebeneinanderstehende Epochen der Architekturgeschichte, so verengte die »reale« Postmoderne dies bald auf eine Kombination von »kantiger« Moderne und klassischer Antike. Als eine Initialzündung des »modernen Klassizismus« gilt das von Philip C. Johnson zwischen 1978 und 1983 erbaute ATT-Gebäude in New York (**183**) – als ein »Wolkenkratzer« gattungsgeschichtlich der Moderne, in seiner symmetrisch gestalteten, pilasterartig

[183] Das ATT-Building in New York – Grundstein postmoderner Architektur. Erbaut von Philip C. Johnson & John Burgee, 1978–83

durchfensterten Fassade und seinem »gesprengten« Giebel als Dachabschluß jedoch der Antike verpflichtet. Der Rückgriff auf antike Dekorationsformen, aber auch der zugleich absichtsvoll disfunktionale Umgang mit diesen Elementen wurde zum Markenzeichen der Postmoderne. »Schwebende« Giebel, mißproportionierte, bisweilen auf den Kopf gestellte Säulen, wie in einem Warenhaus präsentierte Antikensammelsurien (184), Verballhornungen des klassisch-antiken Architekturkanons bis hin zu pseudobedeutungsvollen, in ihrer Form antikisierenden, im Inhalt jedoch lakonisch-ironisierenden Architrav-Inschriften (»*homo sapiens non urinat in vento*« ziert in klassischem Latein das Portal eines postmodernen Mietshauses in Amsterdam – »der wissende Mensch pinkelt nicht gegen den Wind«) machten die Postmoderne alsbald zu einem Tummelplatz der Beliebigkeit und der Verrücktheit, wo mit maximaler Willkür Unzusammenhängendes zum Ideal geformt und gefeiert wurde. Geschichte, historische Formen wurden zum Spielball einer sich von den realen Problemen und Bedrohungen der Welt immer weiter absondernden »Avantgarde«. *Anything goes* (»Alles ist möglich«) wurde zu einem Slogan, der nicht im Architektonischen stehen blieb, sondern weite Teile der Kulturszene infizierte. Postmoderne Lyrik, Philosophie, Literatur, Filmkunst, aber auch eine solch Treiben begierig aufgreifende Geisteswissenschaft fügten sich ein in die Mixtur eines hemmungslosen Eklektizismus – Kennzeichen nicht nur der Populärkultur, sondern gerade auch der Feuilletons der 1980er Jahre.

Kritik an der Postmoderne kam alsbald, war massiv und fundiert. Insbesondere die Idee von einer Revision der Leistungen der Moderne wurde zurückgewiesen. Jürgen Habermas, der in seinem Traktat ›Moderne und postmoderne Architektur‹ von 1981 und seinem Buch ›Der philosophische Diskurs der Moderne‹ (1985) den Versuch einer von ihm positiv gesehenen »Selbstgründung« der Moderne, einer Emanzipation vom unseligen Bedingungsgeflecht der Geschichte bedroht sah, galt mit seinen scharfsinnigen Argumenten in europäischen Intellektuellenkreisen lange Jahre als Spielverderber, als ein heillos im alten Denken verhafteter Demosthenes, der gegen einen unbezwingbaren Trend redete. Selbst damalige Anhänger der Postmoderne sehen dies indessen heute anders. Die Postmoderne als einen kurzfristigen Modegag zu verharmlosen, wäre jedoch verfehlt. Denn allzu tief ging hier der Versuch, Altes zu revitalisieren und Erreichtes in Frage zu stellen. Der heutige Neoklassizismus in den USA ist ohne die Postmoderne nicht denkbar.

   Bedeutende praktische wie auch theoretische Protagonisten postmoderner Architektur waren und sind neben den hier genannten Architekten Aldo Rossi, Michael Graves, Ricardo Bofill, James Stirling, Rob und Leon Krier sowie Mario Botta.

[184] Antike Architekturgeschichte, ausgestellt wie ein Angebot im Warenhaus, für jeden benutzbar: die Piazza d'Italia, eine Platzanlage inmitten von New Orleans, erdacht von Charles Moore, 1977/78

173

Auswahl bedeutender Architekten

Auswahl bedeutender Architekten

Aalto, Hugo Henrik Alvar (1898–1976)
Bedeutendster Vertreter der »nordischen Moderne«. Zahlreiche Bauten in seiner Heimat Finnland (u. a. Kulturhaus von Helsinki, 1955–58), aber auch in Deutschland (Kulturzentrum in Wolfsburg, 1958–62; zentrales Hochhaus der Satellitenstadt Bremen-Neue Vahr (1959–63); Essen, Opernhaus (1959).

Alberti, Leon Battista (1404–72)
Eines der großen Universalgenies der Renaissance; war auch als Architekt (u. a. in Mantua, San Sebastiano und San Andrea, Rimini, Tempio Malatestiano) und Architekturtheoretiker (Schrift: ›Zehn Bücher über die Baukunst‹; postum editiert) aktiv und gilt als einer der Begründer der auf die Antike fokussierten Renaissancearchitektur.

Apollodoros von Damaskus
Antik-römischer Architekt und Militäringenieur des 2. Jh. n. Chr.; stand in Diensten des Kaisers Trajan und gilt u. a. als Schöpfer des Trajansforums in Rom.

Bernini, Gian Lorenzo (1598–1680)
Italienischer Architekt des Hochbarock; Rom, Kolonnaden und Gestaltung des Platzes vor dem Dom San Pietro (Petersdom).

Borromini, Francesco (1599–1667)
Italienischer Architekt, dessen Bauten (u. a. in Rom, San Carlo alle quattro Fontane und Sant'Ivo della Sapienzia) die im Hochbarock vollzogene Überwindung der Renaissance beispielhaft markieren.

Boullée, Etienne-Louis (1728–99)
Herausragender Vertreter des französischen Klassizismus und der »Revolutionsarchitektur« des späten 18. Jh.; seine wenigen ausgeführten Bauten (Paris, Hôtel Neuville Alexandre) kontrastieren in ihrer Konventionalität aus bisher nicht erklärten Gründen mit den zahlreichen futuristisch-visionären, aber unrealisierten Planungen (u. a. Kenotaph für Isaac Newton in Form einer riesigen Kugel).

Bramante, Donato (1444–1514)
Italienischer Architekt der Hochrenaissance; mit ihm verbunden ist die Vollendung des Neubaus von San Pietro (Petersdom) in Rom.

Brunelleschi, Filippo (1377–1446)
Zusammen mit ➜ Alberti wichtigster Pionier der italienischen Renaissancearchitektur; herausragende Leistung ist der Bau der Kuppel des Doms von Florenz.

Chersiphron
Antik-griechischer Architekt des 6. Jh. v. Chr.; maßgeblich beteiligt am Bau des Artemis-Tempels von Ephesos, einem der Sieben Weltwunder. Verschiedene technische Innovationen für den Transport und Versatz der riesigen Steinbauglieder im griechischen Tempelbauwesen werden ihm zugeschrieben.

Erdmannsdorff, Friedrich Wilhelm Freiherr von (1736–1800)
Pionier des Klassizismus in Deutschland, der dem englischen Palladianismus eine preußische Prägung verlieh; wichtigster Baukomplex: Schloß Wörlitz bei Dessau.

Fischer von Erlach, Johann Bernhard (1656–1723)
Kaiserlicher Hofarchitekt in Wien; Vertreter eines »pathetisch«-absolutistischen, hochherrschaftlichen Barockstils. Schrift: ›Entwurf einer historischen Architektur‹ (1721).

Foster, Sir Norman (*1935)
Englischer Vertreter des *Industrial Design*; neben zahlreichen Bauten der 1980er und 1990er Jahre in London sind vor allem seine inszenierten Kontrastierungen von historischer Bausubstanz und industriehaft gestalteter Moderne von Bedeutung (Bibliothek in Nîmes, 1993; Glaskuppel des Berliner Reichstags, 1997/98).

Gaudí, Antonio (1852–1926)
Exzentrischer spanischer Architekt, angesiedelt zwischen Expressionismus und Jugendstil. Sein megalomanes Hauptwerk, die Kathedrale Sagrada Familia in Barcelona, ist weiterhin nach seinen Plänen im Bau.

Gabriel, Jacques-Ange (1698–1782)
Bedeutendster französischer Architekt des Barock; Pionier des französischen »Barock-Klassizismus«. Hauptwerk: Paris, Ecole Militaire (1751–60); ferner: Konzept der Place de la Concorde (ab 1755).

Gehry, Frank O. (*1929)
Protagonist des Dekonstruktivismus; Hauptwerke: California Aero-

Auswahl bedeutender Architekten

space Museum in Santa Monica (1985); Vitra Design-Museum in Weil am Rhein (1987–89).

Gilly, Friedrich
(1772–1800)
Exponent eines deutschen Frühklassizismus; lehrte schon als 23jähriger an der Berliner Bauakademie und war dort wichtigster Impulsgeber für ➤ Schinkel. Sein Werk besteht wegen seines frühen Todes hauptsächlich aus Entwürfen und theoretischen Konzepten.

Gropius, Walter
(1883–1969)
Gründer des Bauhauses; propagierte Zweckmäßigkeit der Formgebung als eine von allen bisherigen historischen Vorbildern abzukoppelnde »ultima ratio« und übertrug dieses Konzept von der Architektur (Hauptwerk: das Bauhaus-Gebäude in Dessau, 1925–26) auch auf alle weiteren Bereiche des Designs.

Hawksmoor, Nicholas
(1661–1736)
Bedeutendster englischer Architekt des Barock und des historisierenden Frühklassizismus; zahlreiche Kirchenbauten in London (u. a. Christchurch in Spitalfields); Mausoleum von Castle Howard.

Hippodamos von Milet
Antik-griechischer Architekt und Stadtplaner des 5. Jh. v. Chr.; sein auf orthogonaler Rasterung basierendes Konzept strukturierte die Stadtfläche auf rationale Weise in miteinander verzahnte Wohn-, Wirtschafts-, Verwaltungs- und Kultbereiche und ist in der Nachantike vielfach aufgegriffen worden.

Hermogenes
Antik-griechischer Architekt des 3./2. Jh. v. Chr.; erbaute mit dem Artemis-Tempel von Magnesia am Mäander einen »Musterbau« in ionischer Ordnung.

Holl, Elias
(1573–1646)
Stadtbaumeister in Augsburg; übertrug die Architekturkonzepte von ➤ Palladio in eine traditionell-süddeutsche Sphäre und begründete die »Augsburger Renaissance«. Meisterwerk: das Augsburger Rathaus mit seiner turmbeflankten fünfgeschossigen Giebelfassade (1615–20).

Iktinos
Antik-griechischer Architekt des 5. Jh. v. Chr.; gilt als Architekt des Parthenon auf der Athener Akropolis – heute der Inbegriff des griechischen Ringhallentempels (erbaut 448–432 v. Chr.).

Isidoros von Milet
Spätantik-römischer Architekt des 6. Jh. n. Chr.; erbaute die seiner ihres riesigen überkuppelten Zentralraumes berühmte Hagia Sophia in Konstantinopel/Istanbul.

Jefferson, Thomas
(1743–1826)
Nicht nur als Agronom und Politiker (u. a. Präsident der USA), sondern auch als Architekt ausgewiesen; sein Wohnsitz Monticello, die von ihm finanzierte und erbaute University of Virginia sowie das State Capitol in Charlottesville in Virginia sind Hauptwerke eines amerikanisch gewandelten, an Palladio und französische Traditionen des 18. Jh. anknüpfenden Klassizismus.

Jones, Inigo
(1573–1652)
Zusammen mit ➤ Hawksmoore und ➤ Wren bedeutendster Architekt Englands; Begründer des englischen Palladianismus und Bezugspunkt des englischen Neo-Palladianismus (Lord Burlington u. a.) im 18. Jh. Hauptwerke: »Queens House« in Greenwich (1616–18) und »Banqueting Hall« in Whitehall, London (1619–22).

Klenze, Leo von
(1784–1864)
Hofarchitekt des bayerischen Königs Ludwig I.; zusammen mit ➤ Schinkel der Fixstern des deutschen Klassizismus im 19. Jh. Zahlreiche Bauten in München (Propyläen, Glyptothek), ferner die Walhalla bei Donaustauf (Regensburg) und die Befreiungshalle bei Kehlheim an der Donau.

Knobelsdorff, Georg Wenzelslaus (1699–1753)
Hofbaumeister Friedrichs II. des Großen; sein Potsdamer Stadtschloß (1744–51) wurde zum Musterstück preußischen Barocks.

Latrobe, Benjamin
(1764–1820)
Aus England in die USA emigrierter Architekt; wurde dort zu einem herausragenden Vertreter des *Greek Revival* (➤ Stuart). Verschiedene klassizistische Bauten in Philadelphia; Mitgestaltung der späteren Bauphasen des Capitol in Washington, D. C.

Le Corbusier
(1887–1965)
Pseudonym für Charles-Edouard Janneret; neben seinen »plastischen« Bauten in der Art des Expressionismus (Kirche von Ronchamp, 1950–54)

gilt er als Pionier einer »neuen Sachlichkeit« und ist in seiner diesbezüglichen Radikalität bis heute umstritten. Die Idee der »Wohnmaschine« als eine Zusammenlegung aller menschlichen Bedürfnisse (Wohnen, Freizeit, Arbeit) in einen hermetisch abgeschlossenen Baukörper (z. B. Corbusierhaus in Berlin) ist im Beton-Brutalismus der 1970er Jahre nachhaltig diskreditiert, sein Grundkonzept zudem verschiedenerseits des Faschismus verdächtigt worden.

Ledoux, Claude-Nicolas (1736–1806)
Extremer Vertreter der französischen Revolutionsarchitektur um 1800; entwarf unter vielschichtigem Rückgriff auf die Antike futuristisch anmutende Konzepte von Wohn- und Fabrikanlagen sowie von Staatsbauten und kreierte dabei eine »sprechende« Architektur, die durch Ausnutzung verschiedener baulicher und ornamentaler Muster vom Betrachter und Benutzer Unterwerfung bzw. Unterordnung einforderte; Hauptwerk: Salinenanlage bei Chaux. Zahlreiche Gefängnisbauten des 19. Jh. beziehen sich auf von Ledoux formulierte Architekturkonzepte.

Lissitzky, El (= Eliezer Markowitsch) (1890–1941)
Als Maler, aber auch als entwerfender Architekt zentrale Gestalt des russischen Konstruktivismus. Seine durchgehend unrealisiert gebliebenen avantgardistischen Konzepte haben u. a. ➤ Mies van der Rohe beeinflußt.

Loos, Adolf (1870–1933)
Gilt heute als bedeutendster österreichischer Architekt der Frühmoderne; erregte mit seinen radikalen, gegen den Jugendstil gerichteten Traktaten (›Ornament und Verbrechen‹, 1908) und bizarren Entwürfen (Chicago Tribune Tower, 1922, in Gestalt einer monumentalen dorischen Säule) indessen mehr Aufsehen als mit seinen im Sinne eines aufkommenden Rationalismus realisierten Bauten; seine architekturhistorische Stellung ist heute umstritten.

Meier, Richard (*1934)
Seine »weißen« Bauten, u. a. das Museum für Kunsthandwerk in Frankfurt/Main (1979–85), das High Museum of Art in Atalanta, Georgia (1980–83), das Des Moines Art Center (1982–85) und das neue J. Paul Getty-Center in Malibu, Kalifornien (1984–97) bildeten einen anerkannt wichtigen Schritt bei der Überwindung der Postmoderne.

Mies van der Rohe, Ludwig (1886–1969)
Der vielleicht einflußreichste Architekt des 20. Jh.; auf seine Idee der kubisch-rationalistischen, auf ein strukturelles Skelett reduzierten Baugestaltung gehen Hochhauskonzepte ebenso zurück wie transparente Pavillons; die modische Flachdacharchitektur der 1960er Jahre ist gleichermaßen von ihm beeinflußt wie die Gestalt der »Wolkenkratzer« der 1960er und 1970er Jahre in zahlreichen US-Metropolen.

Nash, John (1752–1835)
Englischer Architekt und Stadtplaner, Hauptfigur des späten britischen Klassizismus und des Historismus. Konzipierte unter Georg IV. große Teile des sich erweiternden Londons, u. a. den Regent's Park mit den ihn umgebenden Terraces und die Regent's Street. Berühmt ist sein weithin weiß glänzender Stuck-Klassizismus; bei heutigen Besitzern der Bauten ist allerdings weithin die wenig solide Bauausführung berüchtigt.

Neumann, Balthasar (1687–1753)
Die von ihm konzipierte fürstbischöfliche Residenz in Würzburg gilt als Paradestück barocker deutscher Schloßbaukunst.

Niemeyer, Oskar (*1907)
Pionier der Moderne in der brasilianischen Architektur; ein Meisterwerk moderner Stadtplanung ist seine Konzeption und Ausführung der Hauptstadt Brasilia (seit 1957).

Palladio, Andrea (1508–80)
Architekt der italienischen Spätrenaissance; seine zahlreichen norditalienischen Villenbauten greifen zitierend und variierend Muster antiker Vorbilder auf und wurden für die Nachwelt stilprägend (➤ Jones). Schrift: ›Die vier Bücher zur Architektur‹ (1570).

Pytheos
Antik-griechischer Architekt des 4. Jh. v. Chr.; war maßgeblich am Neubau der Stadt Priene in Kleinasien und ihrer öffentlichen Bauten beteiligt.

Auswahl bedeutender Architekten

Rietveld, Gerrit Thomas (1888–1964)
Die in den 1920er bis 1940er Jahren entworfenen Häuser und Villen des ursprünglichen Tischlers (»Rietveld-Stuhl«) gelten in ihrer eleganten Schlichtheit als Prototypen eines rationalistisch-modernen Architekturverständnisses; das Haus Schröder in Utrecht (1924) war eine Initialzündung des Bauhausgedankens.

Schinkel, Karl Friedrich (1781–1841)
Protagonist des Historismus in Preußen; als Schüler von ➤ Gilly dem Klassizismus zugewandt (Berlin, Altes Museum, 1822–28), früh aber auch der Neo-Gotik (Entwurf eines Grabmals für Königin Luise von 1810; verschiedene »gotische« Kirchenbauten). Neben seiner Arbeit an realer Architektur entstanden zahlreiche fiktionale Bauentwürfe (z. B. ein Schloß für König Otto I. auf der Akropolis von Athen) und visionäre Bühnenbilder mit Phantasiearchitekturen (u. a. für Mozarts ›Zauberflöte‹, 1815).

Semper, Gottfried (1803–79)
Protagonist eines preußischen Klassizismus und Historismus, von 1834 bis 1848 Professor an der Bauakademie in Dresden, danach im Exil. Hauptwerke: Opernhaus (1838–41 und 1871–78) und Oppenheimer-Palais (1845–48) in Dresden. Schrift: »Der Stil in den technischen und tektonischen Künsten« (2 Bände, 1860/63).

Sinan (ca. 1497–1588)
Janitschar, seit den Feldzügen Süleyman II. des Prächtigen dessen Hofbaumeister. Ab 1530 erbaute Sinan im Auftrag des Sultans gemäß eines überlieferten Tatenberichtes mehr als 150 Moscheen, 45 Mausoleen, 75 Medresen, 31 Karawansereien, 38 Paläste sowie weitere Prunk- und Privatbauten im osmanischen Herrschaftsbereich.

Soufflot, Jacques-Germain (1709–80)
Architekt des Spätbarock in Frankreich; erbaute u. a. zwischen 1755 und 1792 die (später zum Pantheon profanierte) Pariser Kathedrale St. Geneviève, ein wichtiges Vorbild für den amerikanischen Klassizismus der Zeit um 1800. War mitbeteiligt an der Wiederentdeckung der dorisch-griechischen Tempel von Paestum (Süditalien), einem entscheidenden Wendepunkt der bis dahin auf Rom orientierten klassizistischen Rezeption antiker Vorbilder für zeitgenössisches Bauen.

Speer, Albert (1905–81)
Ab 1934 Generalbauinspektor, später auch Rüstungsminister; konzipierte zahlreiche, letztlich aber unrealisiert gebliebene Prunkbauten der NS-Diktatur und formulierte deren Architekturverständnis. Ausgeführt u. a.: Neue Reichskanzlei in Berlin (1938–39); Zeppelinfeld in Nürnberg (1934–37). Autobiographie mit problematisch-verklärenden Passagen: ›Erinnerungen‹ (1969).

Stirling, James (1926–92)
Britischer Architekt, zunächst einer reflektiert-kritischen Umsetzung der Moderne in der Nachkriegszeit verpflichtet (Historische Fakultät der Universität Cambridge, 1964–67), später ein einflußreicher Protagonist der Postmoderne (Stuttgart, Staatsgalerie, 1977–82).

Stuart, James (1713–88)
Englischer Architekt; reiste zusammen mit Nicholas Revett 1751–55 im Auftrag der Londoner *Society of Dilettanti* durch Griechenland und nahm dort, vor allem in Athen, den greifbaren Bestand antiker Bauten zeichnerisch auf; sein Faible für die antik-griechische Architektur brachte ihm nicht nur den Spitznamen »Athenian-Stuart«, sondern auch den Ruf als Pionier des *Greek Revival* in England ein.

Tange, Kenzo (*1913)
Verschmolz in zahlreichen spektakulären Entwürfen und Ausführungen japanisch-traditionalistische Bauformen mit Elementen der architektonischen Moderne; seit den 1980er Jahren übernahm er auch zahlreiche Aufträge in Europa (u. a. Neapel, Centro Direzionale).

Terragni, Guiseppe (1904–41)
Protagonist des italienischen *razionalismo*; führendes Mitglied des »Gruppo Sette«. Seine Casa del Fascio in Como (1932–36) wurde zum Exempel der architektonischen Verbindung von Antike und Moderne, einer wichtigen Spielart der faschistischen Architektur Italiens unter Benito Mussolini (»weiße Moderne«).

Auswahl bedeutender Architekten

Vanvitelli, Luigi (1700–73)
Barockarchitekt am Bourbonen-Hof in Neapel; errichtete neben zahlreichen Landvillen (z. B. die Villa Campolieto nahe Ercolano) und Stadtpalazzi in Neapel das neue Königsschloß nahe Caserta samt Gärten und Infrastruktur (Palazzo Reale, 1751–72).

Weinbrenner, Johann Jakob Friedrich (1766–1826)
Verantwortete den Umbau der Stadt Karlsruhe zu einer klassizistischen Metropole nach dem Modell von St. Petersburg. Weitere Bauten: Kurhaus und Trinkhalle in Baden Baden (um 1810).

Wren, Christopher (1632–1723)
Wurde nach dem großen Brand von London (1666) als königlicher Bauverwalter mit dem Wiederaufbau der Stadt betraut; Hauptwerk: St. Paul's Cathedral (1675–1710; nach dem Vorbild des Petersdoms in Rom).

Wright, Frank Lloyd (1869–1959)
Amerikanischer Architekt; seine Bauten waren konsequent von innen nach außen entwickelt und sollten harmonisch in die Landschaft gefügt sein (Serie der Prärie-Häuser, um 1905; Haus Falling Water bei Mill Run in Pennsylvania für Edgar J. Kaufman, 1934–37). Wright wurde wegen dieser »ökologischen« Paradigmen, aber auch wegen seiner gestalterischen Wandlungsfähigkeit zu einem Fixstern der internationalen Architektenszene des 20. Jh. Bekanntestes Spätwerk: das spiralförmige Guggenheim Museum in New York (1956–59).

Glossar

Abacus / Abakus
Quadratische oder in Voluten endende Deckplatte des Kapitells

Adyton → Cella

Aedikula
Von Säulen eingefaßte Nische zur Aufnahme einer Statue oder eines Gemäldes

Akropolis
»Hochstadt«, von griech. *ákro* = hoch und *pólis* = Stadt. Hochgelegenes Heiligtum oder natürlich geschützte Siedlungsfläche griechischer Städte

Akroter
Ornamentale oder figürlich ausgeformte Überdachung eines Gebäudes, meist eines Tempels

Andron
Männerraum; Ort des Symposions im griechischen Haus

Apsis
Halbkreisförmige oder eckige Erweiterung eines Raumes, häufig durch eine Halbkuppel überdacht; die A. ist in der antik-römischen Profanarchitektur (Palast, Therme) ebenso geläufig wie im christlichen Kirchenbau

Architrav
Steinerner Querbalken, der das → Joch überspannt, auf dem der Abakus des Kapitells lagert und der weitere Teile des Gebälks des Säulenbaus (u. a. Fries und → Geison) trägt

Archivolte
Bogenlauf an romanischen oder gotischen Stufenportalen

Arkade
Bogenstellung über Säulen- oder Pilasterstützen

Atrium
Offener Innenhof im antik-römischen Haus; säulengerahmter Vorhof frühchristlicher Kirchen

Attika
Brüstungsartige Aufmauerung entlang der Dachkante; verdeckt den Dachansatz

Baptisterium
Frühchristliche Taufkirche mit Taufbecken

Basilika
Mehrschiffiger Marktbau im antiken Rom; neben dem → Zentralbau die Grundform frühchristlicher Kirchenbauten

Basis
Fuß der ionischen oder korinthischen Säule bzw. eines Pilasters dieser Ordnung

Bauhütte
Mittelalterliche Werkstattgemeinschaft im Bauwesen, als Gilden unabhängig von den Zünften. Ähnliche Organisationsformen werden auch für die Antike angenommen

Bergfried → Donjon

Bossenquader
Ein in der Ansichtsfläche roh bepickt gelassener Steinblock (auch Buckelquader oder Rustika genannt)

Campanile
Separat vom Gebäude errichteter Turm italienischer Kirchen

Cella
Innenraum griechischer Tempel, oft weiter unterteilt in Hauptraum, Vorhalle (*pronaos*), nach außen offenen Rückraum (*opisthodom*) bzw. nach innen offenen Rückraum (*adyton*)

Circus → Hippodrom

Dachreiter
Auf dem Dachfirst über der Vierung aufsitzendes Türmchen mit Glocke im Kirchen- und Klosterbau; es ersetzte bei den Bettelorden den Glockenturm

Diazoma
Horizontaler Umgang im Zuschauerraum des griechischen Theaters

Dipteros
Ringhallentempel mit doppeltem Säulenkranz

Diwan
Offiziell-repräsentativer Teil des Palastes im muslimischen Kulturkreis

Donjon
Französische Bezeichnung des zentralen Turms einer mittelalterlichen Burg

Echinus
Wulstförmiges Polster des Kapitells; das »Kissen«, auf dem der → Abakus lagert

Entasis
Schwellung des Schaftes der dorischen Säule

Erker
Aus der Gebäudefront vorspringender, befensterter Ausbau eines Raumes

Fachwerk
Gerüstbauweise aus Hölzern mit Lehm- oder Ziegelfachen; man unterscheidet den Ständerbau mit durchlaufenden Vertikalstreben und den Rähmbau mit einem Geschoß für Geschoß wiederkehrenden, aufeinander aufbauenden Trägergerüst; beide Bauweisen können miteinander verknüpft werden

Fries
Am dorischen Tempel das alternierende Gefüge von Metopen und Triglyphen oberhalb des Architravs

Geison
Kranzgesims; obere Abschlußleiste der Säulenordnungen, das als Schräg- bzw. Giebelgeison an der Front oder als Horizontalgeison an der Langseite eines

Glossar

Säulenbaus in Erscheinung tritt

Gesims
Waagerecht aus der Mauer hervortretender Streifen, der die horizontale Struktur (Geschosse) eines Baues gegeneinander absetzt und die Wand gliedert

Gesprengter Giebel
Giebel, dessen Mittelteil ausgespart oder durchbrochen ist; findet sich gehäuft in der hellenistisch-römischen Architektur der Antike und der Barockarchitektur

Gewölbe ➤ **Kragsteingewölbe; Kreuzgratgewölbe; Kreuzrippengewölbe; Tonnengewölbe**

Gymnasion
Gebäudeanlage für sportliches Training und literarisch-kulturelle Bildung in antik-griechischen Städten, bestehend aus einer ➤ Palästra sowie daran anschließenden Wandelhallen, Säulen und einer Laufbahn

Hallenkirche
Einräumige Kirche ohne Seitenschiffe

Harem
Privatbereich des Palastes im muslimischen Kulturbereich

Heroon
Erinnerungsbau für einen Heros; in der Antike oft das fiktive Grabmal eines mythisierten Städtegründers

Hippodrom
Bahn für Pferde- und Wagenrennen, Vorläufer des römischen Circus

Interkolumnium ➤ **Joch**

Jami/Cami
Die große Freitagsmoschee, im Gegensatz zur ➤ Masjid

Joch
Abstand zweier Säulenachsen im Säulenbau; demgegenüber bezeichnet das Interkolumnium

den lichten Freiraum zwischen zwei Säulen auf Bodenniveau. In der romanisch-gotischen Architektur auch ein Gewölbeabschnitt

Kämpfer
Auflager; vorspringende, waagerechte Platte zwischen Gewölbe- oder Bogenansatz und tragendem Bauteil

Kannelur
Vertikale Einkehlung des Säulenschaftes; in spitzem Grat (dorisch) oder in einem abgeflachten Steg (ionisch, korinthisch) endend. Seit der Renaissance weisen die Säulen häufig keine bzw. nur teilweise ausgeführte Kanneluren auf

Kapitell
Kopfstück der Säule, bestehend aus Echinus (Polster) und Abakus (Deckplatte)

Katakombe
Unterirdische, mehrstöckige, privat verwaltete Gemeinschaftsgrabanlage, seit dem 2. Jh. n. Chr. geläufig

Katholikon
Hauptkirche eines orthodoxen Klosters

Kavalier
Im Festungsbau eine hohe Plattform über den Kasematten (Bunkern) oder Wehrgängen, als Beobachtungsplatz oder zum Aufstellen von Geschützen

Keep
Normannische Burg

Kemenate
Beheizbarer Raum in einer Burg

Knagge
Dreiecksholz im ➤ Fachwerk zur Versteifung des Gerüstes

Konsole
Aus der Mauer hervortretender Tragstein für Bögen, Gesimse, Figuren u. ä.

Kragsteingewölbe
Unechtes, aus übereinanderlappenden Steinplatten konstruiertes Gewölbe

Krepis
Gestufter Sockel des Säulenbaus

Kreuzgang
Im Geviert und meist offen um einen Hof angelegte Gänge; zentraler Teil eines Klosters

Kreuzkuppelkirche
Kirche in der Grundrißform eines griechischen Kreuzes mit einer Kuppel über dem Schnittpunkt der beiden Achsen

Kreuzgratgewölbe
Gewölbe, das durch Verschneiden zweier gleich hoher Tonnengewölbe entsteht und bei dem die Kappen entgegen dem ➤ Kreuzrippengewölbe in massiven Graten zusammenstoßen

Kreuzrippengewölbe
Anstelle der Grate (Durchdringungs- und Schnittstellen) beim ➤ Kreuzgratgewölbe leiten hier Rippen den statischen Druck des Gewölbes auf die vier Stützpunkte ab; das Kreuzrippengewölbe ermöglichte die extreme Verschlankung der Skelettbauweise gotischer Kathedralen

Laterne
Durchlichteter Dachaufbau, meist über einer Kuppel

Lehrgerüst
Stützendes Hilfsgerüst beim Bau von Bögen und Gewölben

Loggia
Offene Bogenhalle oder Bogengang in der italienischen Renaissance

Masjid
Moschee für den täglichen Gottesdienst (im Gegensatz zur ➤ Jami/Cami)

Maßwerk
Ornament, das mittels eines Zirkels konstruiert wurde, vornehmlich zur Unterteilung gotischer Fenster

Megaron
Hauptraum mykenischer Paläste sowie Zentralraum in der frühgriechischen Haus- und Tempelarchitektur

Metope ➤ **Fries**

Mezzanin
Zwischen- oder Halbgeschoß

Mihrab
Gebetsnische in der Moschee

Minarett
Turm der Moschee

Minbar
Kanzel in der Moschee

Naiskos
Kleiner Tempel ohne umlaufende Ringhalle in der Antike

Naos
Kernbau des griechischen Tempels; synonym mit dem Begriff ➤ **Cella**

Narthex
Vorhalle altchristlicher und byzantinischer Kirchenbauten

Obelisk
Spitz zulaufender Steinpfeiler; altägyptische Denkmalsform

Obergaden
Oberer Raumabschnitt des Mittelschiffs einer Basilika

Opisthodom ➤ **Cella**

Orchestra
Runder Tanz- und Spielplatz im antik-griechischen Theater

Ordensburg
Residenzbau der Ritterorden, der Kloster und Burg miteinander verbindet

Pagode
Markante Variante der ➤ **Stupa**

Palästra
Architektonischer Teil des Gymnasions, bestehend aus einem meist annähernd quadratischen Hof und ihn umgebenden Räumen. Die Palästra diente als Trainingsort für Ring- und Boxkämpfer

Pendentif
Hängezwickel; meist eine sphärische Dreieckskonstruktion, die den Übergang von einem mehreckigen Grundriß in die Rundung einer Kuppel ermöglicht; ➤ **Trompe**

Peripteros
Ringhallentempel mit einfachem Säulenkranz

Peristyl
Säulenhalle um einen Innenhof, um den sich Wohn- und Wirtschaftsräume gruppieren

Peristylhaus
Repräsentativer, ursprünglich griechischer, aber auch in der römischen Architektur häufiger Haustyp, bei dem die Elemente des Hauses um einen Säulenhof herum gruppiert sind

Pfalz
Residenz des Königs bzw. seines Stellvertreters im deutschen Mittelalter

Piano Nobile
Repräsentatives Geschoß einer Villa oder eines Palazzo, meist der überhöht gebaute erste Stock

Podiumstempel
Etruskisch-römische Form des antiken Tempels; Tempel auf einem hohen, über eine breite Freitreppe zugänglichen Podium

Pilaster
Flacher Wandpfeiler mit Basis und Kapitell

Pronaos ➤ **Cella**

Propylon
Torbau, repräsentativer Zugang zu einem Heiligtum

Rähm, Rähmbau ➤ **Fachwerk**

Risalit
Vorspringender Gebäudeteil, meist nach symmetrischen Gesichtspunkten an bestimmten Stellen der Gebäudefassade plaziert

Rustika ➤ **Bossenquader**

Saalkirche ➤ **Hallenkirche**

Skene
Bühnengebäude des griechischen Theaters

Spolien
Werkstück eines Bauwerks, das für einen älteren Bau geschaffen und wiederverwendet wurde

Stabkirche
Mittelalterlicher skandinavischer Holzkirchentypus mit konstruktivem Mastengerüst und gestuftem Dachaufbau

Ständer(bau) ➤ **Fachwerk**

Sternschanze
Verteidigungsanlage über sternförmigem, massiv bewehrtem Grundriß

Stützenwechsel
Rhythmischer Wechsel von Säulen und Pfeilern in der romanischen Basilika

Stylobat
Standfläche der Säulen im antiken Säulenbau

Stoa
Langgestreckte Säulenhalle mit geschlossener Rückwand

Stupa
Meist glocken- oder turmförmiger Kultbau des Buddhismus

Synagoge
Gottesdienstlicher Versammlungsraum der jüdischen Gemeinden

Tambour
Zylinderförmiges Bauglied zwischen Kuppel und eckigem Baukörper

Thermen
Aufwendig beheizte, antike Badeanlage

Tonnengewölbe
Gewölbe mit halbkreisförmigem Querschnitt,

entweder gemauert oder mittels Keilsteinquadern erstellt

Triglyphe → **Fries**

Trompe
Bogen mit nischenartiger Wölbung zwischen zwei rechtwinklig aneinanderstoßenden Mauern, der vom eckigen Unterbau in das Rund der Kuppel überleitet; → Pendentif

Verkröpfung
Gebälke oder Gesimse, die um Mauervorsprünge, Säulen oder Pfeiler geführt werden

Viadukt
Pfeilerkonstruktion zur Führung einer Wegtrasse

meist über eine Talsenke hinweg

Vierspänner
Mietshaus, in dem auf jedem Geschoß vier Wohnungen an das Treppenhaus angeschlossen sind; Alternativen: Dreispänner; Zweispänner

Vierung
Der bei der Durchdringung von Lang- und Querschiff entstehende zentrale Raumteil einer Kirche

Villa
In der römischen Antike und der Renaissance ein luxuriöser Wohnbau auf dem Land

Volute
Schneckenförmiges Schmuckornament an ionischen Kapitellen

Wimperg
Gotischer Ziergiebel über Portalen und Fenstern, oft aus → Maßwerk zusammengesetzt

Zentralbau
Bau, bei dem – im Gegensatz zur langgestreckten → Basilika – alle Teile des Grundrisses auf einen gemeinsamen Mittelpunkt bezogen sind

Zitadelle
Festung innerhalb einer befestigten Stadt

Weiterführende Literatur

Weiterführende Literatur

Die Fachliteratur zum Thema ›Architektur‹ ist uferlos, besonders hinsichtlich der Monographien über einzelne Architekten. Um dem Interessierten dennoch eine weiterführende Beschäftigung zu ermöglichen, sind hier wichtige, im Handel erhältliche und in Bibliotheken allgemein präsente Standardwerke zusammengestellt, die weite Teile der behandelten Themen abdecken.

Arnold, D.: Die Tempel Ägyptens. Zürich 1992
Bandmann, G.: Mittelalterliche Architektur als Bedeutungsträger. 6. Aufl. Berlin 1979
Borchert, F.: Burgenland Preußen. Die Wehrbauten des Deutschen Ordens. München 1987
Braham, A.: The Architecture of the French Enlightenment. London 1980
Burke, P.: Die Renaissance in Italien. Berlin 1984
Buttlar, A. von: Leo von Klenze. München 1999
Cantacuzino, S.: Neue Nutzung alter Bauten. Die Zukunft historischer Architektur-Substanz. Stuttgart 1989
Conrad, D.: Kirchenbau im Mittelalter – Bauplanung und Bauausführung. 3. Aufl. Leipzig 1998
Delfante, C.: Architekturgeschichte der Stadt. Darmstadt 1999
Döhmer, K.: »In welchem Style sollen wir bauen?« Architekturtheorie zwischen Klassizismus und Jugendstil. München 1976
Dolgner, D.: Klassizismus. Leipzig 1991
Dolgner, D.: Historismus. Deutsche Baukunst 1815–1900. Leipzig 1993

Durth, W. u. a. (Hrsg.): Ostkreuz. Architektur und Städtebau der DDR. 2 Bände. Frankfurt/Main 1998
Ebhardt, B.: Der Wehrbau Europas im Mittelalter. 3 Bände. Würzburg 1939/1958
Evers, B. (Hrsg.): Architekturmodelle der Renaissance. München 1995
Frishman, M. und H.-U. Khan: Die Moscheen der Welt. Frankfurt 1995
Geist, J.F.: Passagen. Ein Bautyp des 19. Jh. München 1979
Gössel, P. und G. Leuthäuser: Architektur des 20. Jh. Köln 1994
Gruben, G.: Die Tempel der Griechen. 4. Aufl. München 1986
Günther, H.: Deutsche Architekturtheorie zwischen Gotik und Renaissance. Darmstadt 1988
Hamlin, T.: Greek Revival Architecture in America. Oxford 1944
Hecht, K.: Der St. Gallener Klosterplan. Wiesbaden 1997
Heisel, J. P.: Antike Bauzeichnungen. Darmstadt 1993
Hitchcock, H.-R.: Die Architektur des 19. und 20. Jh. München 1994
de Jong, C. und E. Mattie: Architekturwettbewerbe 1792 bis heute. Köln 1994
Kamphausen, A.: Backsteingotik. München 1968
Kaufmann, E.: Architecture in the Age of Reason. Baroque and Post-Baroque. Toronto 1955
Kennedy, R. G.: Greek Revival America. New York 1989
Kruft, H.-W.: Geschichte der Architekturtheorie. München 1995
Kohlmaier, G. und B. von Sartory: Das Glashaus. Ein Bautypus des 19. Jh. München 1988

Lauber, W. (Hrsg.): Architektur der Dogon. München 1998
Lauter, H.: Die Architektur des Hellenismus. Darmstadt 1986
Mango, C.: Byzanz. Stuttgart 1986
Mignot, C.: Architektur des 19. Jh. Köln 1994
Mordaunt Crook, J.: The Greek Revival. London 1995
Müller-Wiener, W.: Griechisches Bauwesen in der Antike. München 1988
Murray, P.: The Architecture of the Italian Renaissance. 3. Aufl. London 1986
Murray, P. (Hrsg.): Living Bridges. The Inhabitated Bride: Past, Present and Future. München 1996
Norman, E., Das Haus Gottes. Die Geschichte der christlichen Kirchen. Stuttgart 1990
Pehnt, W.: Die Erfindung der Geschichte. Aufsätze und Gespräche zur Architektur unseres Jahrhunderts. München 1989
Pehnt, W.: Die Architektur des Expressionismus. Ostfildern 1998
Pevsner, N. u. a. (Hrsg.): Lexikon der Weltarchitektur. München 1992
Pfammater, U.: Moderne und Macht – »Razionalismo«. Braunschweig 1996
Pierson, W. H. Jr.: American Buildings and their Architects. Vol. 1: The Colonial and Neo-Classical Styles. Oxford 1976; Vol. 2: Technology and the Picturesque – The Corporate and the Early Gothic Styles. Oxford 1986
Nerdinger, W. u. a. (Hrsg.), Revolutionsarchitektur. Ein Aspekt der europäischen Architektur um 1800. München 1990
Ricken, H.: Der Architekt. Zwischen Zweck und Schönheit. Leipzig 1990

Weiterführende Literatur

Rykwert, J., The First Moderns: The Architects of the 18th Century. Cambridge, Mass. 1980

Rykwert, J.: The Dancing Column. On Order in Architecture. Cambridge, Mass. 1996

Schulte, K. (Hrsg.): Fliegende Bauten – Temporary Buildings. Der Messestand als konzeptionelle Aufgabe. Stuttgart 1997

Scobie, A., Hitler's State Architecture – The Impact of Classical Antiquity. London 1990

Summerson, J.: Architecture in Britain 1530–1830. 9. Aufl. Yale 1993

Summerson, J.: The Architecture of the 18th Century. London 1969

Tarchanow, A. und S. Kawtaradse: Stalinistische Architektur. München 1992

Tavenor, R.: Palladio and Palladianism. London 1991

Toman, R. (Hrsg.): Die Kunst des Barock. Köln 1997

Toman, R. (Hrsg.): Die Kunst der Romanik. Köln 1996

Toman, R. (Hrsg.): Die Kunst der italienischen Renaissance. Köln 1994

Tsonis, A. und L. Lefaivre: Architektur in Europa seit 1968. Frankfurt/Main – New York 1992

Ward-Perkins, J. B.: Roman Imperial Architecture. Harmondsworth 1981

Warnke, M.: Bau und Überbau. Soziologie der mittelalterlichen Architektur nach den Schriftquellen. Frankfurt/Main 1976

Winndorfer, B. und M. Hamm: Backsteinbauten zwischen Lübeck und Stralsund. Berlin 1990

Zukowski, J. (Hrsg.): Chicago Architektur 1872–1922. München 1987

Personenregister

Personenregister

Register der Orte und Bauwerke

Register der Orte und Bauwerke

Register der Orte und Bauwerke

Register der Orte und Bauwerke

Bildnachweis

DUMONT